LA RÉPUBLIQUE DU BIEN COMMUN.

Essai pour une refondation républicaine par la souveraineté, la continuité et le temps long.

Philippe Kowalski

—

Année de publication 2026

Auto-édition contrôlée

ISBN : 979-10-982749-0-9

Dépôt légal : en cours

Imprimé en France

Ce livre est né d'un refus : celui des raccourcis, des évidences proclamées et des solutions instantanées. Dans un siècle où l'immédiateté est devenue une règle politique, j'ai voulu prendre le temps de comprendre.

Comprendre pourquoi un pays peut accumuler plus de 3 400 milliards de dette sans s'effondrer, tout en laissant se fermer ses usines. Comprendre pourquoi la décision publique réagit plus qu'elle n'oriente. Comprendre comment l'économie a cessé d'être un outil pour devenir une finalité.

Ce livre n'est pas un catalogue de réponses, mais un conducteur de pensée. Il cherche à relier ce que l'on a pris l'habitude de traiter séparément : la morale et la technique, l'économie et le sens, la souveraineté et la dignité.

Les propositions qui y figurent ne sont ni des promesses, ni des slogans. Elles sont ambitieuses, parfois radicales, mais toujours soumises à une exigence : tenir dans le réel.

Dans un monde fracturé, où la guerre, la force et la captation des richesses semblent redevenir des horizons politiques acceptables, une question demeure : la France peut-elle encore rallumer une espérance qui ne repose ni sur la domination, ni sur la peur, mais sur la cohérence, la responsabilité et le Bien Commun.

Penser, c'est interrompre. »

Hannah Arendt

PLAN GÉNÉRAL DE PRÉSENTATION

LIVRE I — LE DIAGNOSTIC

Une République qui a perdu son axe.

Ce que ce Livre établit
La crise contemporaine n'est ni un accident ni une fatalité : c'est le résultat d'un abandon progressif du sens, du temps long et de la cohérence.

Il montre :

- Comment l'immédiateté est devenue une règle politique.
- Pourquoi la décision publique réagit au lieu d'orienter.
- Comment l'économie s'est détachée de toute finalité collective.
- Pourquoi la dette, la désindustrialisation et la défiance procèdent d'une même désorientation.

Ce Livre **déplace la question** : le problème n'est pas l'absence de solutions, mais l'absence de cadre pour les penser.

LIVRE II — CEUX QUI REGARDENT VRAIMENT

Ce que ce Livre impose
Avant toute reconstruction, il faut changer de regard.

Ce Livre affirme que :

- Comprendre exige de ralentir et de prendre de la hauteur.
- Les lectures fragmentées rendent les crises illisibles.
- La souveraineté ne peut être pensée sans vision d'ensemble.
- Regarder vraiment, c'est accepter la complexité du réel.

Ce Livre **prépare les conditions intellectuelles** des propositions.

LIVRE III — LES CONTINUUMS

Ce que ce Livre démontre : La France n'est pas disloquée, elle est **désarticulée**.

Ce Livre met en évidence que : Que la souveraineté et les continuités ne tiennent pas d'elles-mêmes. Elles ne deviennent opérantes qu'à la condition d'un **big bang social et économique**, capable de réarticuler production, territoires, démocratie et État.

Le lecteur comprend ici que **le statu quo est impossible**, mais que la transformation n'est ni chaotique ni idéologique.

Ce Livre montre ce qui pourrait tenir, à condition que l'on ose transformer profondément les règles du jeu.

LIVRE IV — LE CHOIX DE L'ÉCONOME

La hauteur comme seule protection

Ce que ce Livre engage, arrivé ici.

Une conclusion s'impose, les continuités ne tiennent pas d'elles-mêmes, la souveraineté ne se décrète pas.

Ce Livre affirme que :

- Seule une transformation structurelle permet de rendre les continuités opérantes.
- Les propositions doivent être à la fois morales, techniques et systémiques.
- Elles sont nécessairement ambitieuses, parfois radicales, toujours tenables.
- La hauteur n'est pas une posture, mais une condition d'efficacité.
- Choisir l'Économe, c'est refuser la force, la prédation et l'illusion.

Ce Livre **fait le lien explicite** entre :

Regard → continuités → propositions → possibilité réelle de tenir.

J'ai lu, exploré, cherché, sourcé l'ensemble des chiffres et des informations présentés ici, non pour convaincre, mais pour comprendre. J'ai voulu remettre de la cohérence là où monte la confusion, redonner de la confiance là où s'installe la peur.

La macroéconomie m'a servi de loupe, la République de boussole, les territoires de chemin de vie, et les femmes et les hommes de repères façonnés par l'humanisme et la solidarité.

Là où certains invoquent le patriotisme comme une incantation, je parle de souveraineté : celle qui relie, protège, émancipe et élève. Une souveraineté qui donne un sens, une direction, une force intérieure indépendante des humeurs du marché comme du vacarme des passions politiques.

J'ai appris à manier les milliards comme d'autres comptent la monnaie dans leur poche : avec le même sens de la valeur, le même respect de l'effort, le même attachement au réel. Car derrière chaque chiffre, il y a des visages ; derrière chaque budget, des vies ; derrière chaque équation, des espérances.

C'est à eux que s'adresse cette République du Bien Commun : une République qui regarde le monde sans cesser de voir ses villages, ses quartiers, ses territoires ; une République qui sait que la dignité d'un pays commence toujours par la dignité de chacun.

Je ne crois plus aux prophètes économiques, ni à ceux qui promettent des horizons radieux en ajustant simplement la taille de l'assiette, comme si agrandir le gâteau suffisait lorsque la recette elle-même ne tient plus debout.

L'économie n'est pas une religion. La croissance n'est pas un salut. Les courbes ne remplacent pas les consciences. Aucun point de PIB ne dira jamais ce que vaut une vie, un métier, une famille ou un territoire.

Je me méfie des modèles qui prétendent tout résoudre par des graphiques, des experts qui voudraient mesurer l'existence en ratios, en taux ou en coefficients.

Je crois à ce que l'on bâtit. À ce que l'on relie. À ce que l'on transmet.

La République du Bien Commun n'est pas une promesse d'abondance : c'est une promesse de sens. Elle ne cherche pas à vendre des chiffres, mais à proposer une vision : celle d'un pays qui renoue avec sa conscience, son courage et sa solidarité, avec ce geste simple et exigeant de faire Nation.

Car la France ne se relèvera pas en changeant de modèle comptable. Elle se relèvera en retrouvant le goût de faire ensemble ce qu'aucune théorie ne fera jamais à sa place : rendre la dignité à ceux qui l'ont perdue, la confiance à ceux qui la cherchent, et l'avenir à ceux qui doutent encore d'en avoir un.

Cet essai n'est pas fait pour briller, mais pour être utile.

Philippe Kowalski

L'art d'être libre, l'art d'être égal, l'art d'être fraternel.

« On ne fait rien de grand sans une part de rêve. »

Charles de Gaulle.

LIVRE I — LE DIAGNOSTIC

Une République qui a perdu son axe

I. 2027 : le point de bascule

Il arrive un moment dans la vie des nations où le danger n'est plus l'effondrement, mais l'indifférence et la résignation. 2027 appartient à ces années de seuil, où un pays continue de fonctionner par inertie, alors que son âme commence à vaciller.

La France n'est pas en crise spectaculaire : elle est en crise silencieuse. Elle ne tombe pas ; elle se dissout.

La politique contemporaine, saturée d'émotions rapides, de joutes instantanées, de slogans répétés jusqu'à la vacuité, ne propose plus un cap : elle propose un climat. On ne gouverne plus : on réagit. On n'oriente plus : on communique.

Le général de Gaulle avertissait déjà ***: « La politique de la France ne se fait pas à la corbeille. »***

Elle ne devrait pas non plus se faire au gré des flux numériques, qui transforment les convictions en produits volatiles.

Le patriotisme lui-même devient parfois un refuge facile, un paravent destiné à masquer l'absence de direction. Alexis de Tocqueville, dans un trait de lucidité, écrivait que les peuples démocratiques se perdent moins par la violence que par l'abandon de leurs mœurs.

Nous y sommes : une lente érosion de la cohérence, un glissement sans bruit.

La France ne manque pas de forces : elle manque d'axe. Et lorsque l'axe se perd, tout devient possible, sauf la clarté.

II. La crise des démocraties modernes.

Pour comprendre la fragilité du moment, il faut regarder plus loin que 2027 : il faut examiner le destin des démocraties modernes. La démocratie n'a pas toujours été ce que nous en avons fait.

À Athènes, elle n'était pas une délégation, mais une participation. Le tirage au sort, que nous jugeons aujourd'hui archaïque, n'avait rien d'une fantaisie. Il signifiait que le pouvoir appartient à tous parce qu'il engage chacun. La liberté se prouvait par le service, non par le vote.

Les modernes ont rompu ce lien. Ils ont substitué à la participation l'élection, à l'exercice la représentation, à la responsabilité le jugement à distance.

Jean-Jacques Rousseau l'avait pressenti ***: « Le peuple anglais pense être libre : il ne l'est que durant l'élection. »***

Après quoi, le citoyen se retire, et la politique se referme sur elle-même.

Alexis de Tocqueville, encore, écrivait que les démocraties risquent moins de mourir d'un coup que de se vider de l'intérieur : ***« Elles périssent lorsque les citoyens renoncent à se gouverner eux-mêmes. »***

Notre époque ressemble à cette prophétie. Le citoyen est devenu spectateur, l'opinion un marché, la décision un produit calibré selon la demande émotionnelle.

La démocratie fonctionne encore ; elle ne se comprend plus.

Elle se croit forte parce qu'elle dispose de procédures, de lois, d'institutions. Mais la force d'une démocratie ne tient pas à ses formes : elle tient à l'esprit qui les anime. Et cet esprit s'est affaibli.

III. La Ve République : stabilité sans profondeur.

La Ve République est née d'un besoin vital : restaurer la continuité de l'État.

1958 fut un moment où la France sut qu'elle ne pouvait plus risquer l'impuissance institutionnelle. Le général De Gaulle, figure tutélaire, réintroduisait une verticalité protectrice, non pour soumettre le peuple, mais pour permettre à la Nation d'exister à nouveau comme unité historique.

Mais les institutions, même les plus solides, n'échappent pas au temps. La verticalité, lorsqu'elle ne s'appuie plus sur une vision, devient un vide hiérarchique.

La stabilité devient inertie. Le pouvoir devient gestion. Et l'État, qui fut conçu comme une boussole, devient un centre sans gravité.

Pierre Mendès France disait : ***« On ne gouverne durablement que par la vérité. »***

C'est peut-être ce qui manque aujourd'hui : non pas des institutions, mais une vérité qui justifie leur existence, une profondeur morale qui donne sens à la continuité.

La Ve République a permis à la France de traverser les crises du XXe siècle. Mais 2027 révèle une autre crise : une crise du sens.

L'architecture tient, mais le souffle s'épuise. La structure demeure, mais l'intention vacille.

Alexis de Tocqueville affirmait que les peuples ont besoin de croire pour vouloir.

Or la France doute. Non pas de ses lois, mais de leur finalité. Non pas de ses institutions, mais de leur nécessité. Non pas de sa République, mais de son horizon.

IV. L'art d'être libres, égaux et fraternels

La devise républicaine a été transformée en décor alors qu'elle est une exigence. Liberté, égalité, fraternité ne sont pas trois mots, mais trois disciplines politiques.

La liberté n'est pas l'absence de contrainte, mais la capacité d'assumer une part du destin commun. Les Grecs le savaient déjà : nul n'est libre s'il refuse la responsabilité. La République du Bien Commun prolonge cette intuition ancienne : la liberté n'a de sens que tournée vers autre chose que soi.

L'égalité n'est pas une mécanique, mais une morale. Elle ne consiste ni à uniformiser ni à promettre abstraitement. Elle exige qu'aucun citoyen ne puisse être humilié par les conditions de son existence. Là réside sa radicalité.

La fraternité est le principe le plus discret et le plus décisif. Elle ne se décrète pas, elle se reconnaît. Une Nation ne tient pas seulement par ses lois, mais par ce lien invisible qui fait que chacun se sait responsable de tous.

Le Bien Commun est l'alchimie de ces trois principes. Il permet à une société diverse de tenir sans se dissoudre, à chacun de s'accomplir sans fracturer le tout.

V. Refonder la communauté de destin.

Les peuples ne vivent pas seulement de droits, mais de sens. Une Nation cesse d'être une Nation lorsque ses membres ne perçoivent plus ce qu'ils partagent moralement.

Refonder la communauté de destin, c'est restaurer la continuité comme bien national. La France souffre du court terme. À cette fragmentation, la République du Bien Commun oppose le temps long : une vision qui dépasse les alternances, une cohérence d'action durable, une capacité à protéger les plus fragiles et à soutenir les plus audacieux.

Cela suppose un État stratège, non pour diriger chaque chose, mais pour orienter l'ensemble. Un État qui n'oriente plus laisse la société se disperser.

Cela suppose aussi une citoyenneté retrouvée. La démocratie ne se réduit pas au vote. Elle est un effort moral permanent, une participation consciente au destin collectif.

Enfin, cette communauté repose sur une frontière non négociable : la dignité humaine. Aucune puissance économique, technologique ou algorithmique ne peut justifier l'humiliation ou la réduction de l'homme à une donnée.

C'est là que la République affirme sa grandeur.

VI. Le Bien Commun comme philosophie de l'avenir

Le monde à venir ne sera pas dominé par les idéologies, mais par les cohérences.

Dans un siècle disloqué, la seule force durable sera celle qui saura réunir ce que la modernité a séparé : l'individu, la communauté, et l'État.

Le Bien Commun donne à la démocratie son axe moral. Il ne supprime ni la liberté, ni l'égalité, ni la fraternité : il les oriente, les réalise, et les incarne.

Sans lui, la politique devient gestion, puis agitation.

Les démocraties survivront non par la seule robustesse de leurs institutions, mais par leur capacité à maintenir une cohérence morale partagée.

Avec le Bien Commun, la liberté devient création, l'égalité justice, la fraternité puissance.

VII. Refaire naître l'esprit républicain

La République ne renaît pas d'une réforme, mais d'un esprit. Cet esprit ne s'impose pas : il se cultive. Il ne s'hérite pas : il se reconquiert.

Certaines périodes obligent une Nation à être portée non par ses institutions, mais par sa conscience.

La nôtre en fait partie.

La France n'est pas à reconstruire : elle est à ressaisir. Elle doit redevenir une volonté, non une habitude.

La République du Bien Commun n'est pas seulement une architecture politique : elle est un chemin intérieur, une manière collective de se conduire face à l'avenir.

VIII. Le temps long comme discipline collective

Le temps long n'est pas une lenteur, mais une lucidité.

Les œuvres qui durent ne suivent ni l'urgence médiatique ni l'instant électoral. Elles suivent un horizon.

Le court terme est devenu un piège politique : accélération numérique, pression des marchés, cycles électoraux, communication permanente. Une République soumise à l'instant cesse d'être une République.

Une souveraineté durable exige trois temporalités : répondre, ajuster, transformer.

La France a oublié la troisième. Or on ne protège pas une Nation en gérant l'actualité, mais en préparant l'avenir.

IX. La renaissance républicaine

La France ne manque pas de forces, mais de cohérence, de confiance et de tenue. La renaissance n'est pas un événement, c'est une décision. La puissance durable n'est pas matérielle, elle est morale.

Refaire naître l'esprit républicain, c'est redonner au politique son sens premier : non dominer, mais élever ; non séduire, mais tenir ; non gagner, mais servir.

Cela suppose un citoyen acteur, non spectateur. Une démocratie qui oublie le citoyen s'épuise.

Une Nation est une œuvre vivante. Elle n'est pas un souvenir, mais un devenir ; pas un espace, mais une promesse ; pas un héritage figé, mais une création continue.

Conclusion — Choisir d'être une République

Le chemin de la République du Bien Commun ne passe ni par un changement de régime ni par une inflation de réformes, mais par une exigence renouvelée envers nous-mêmes.

La liberté, l'égalité et la fraternité ne sont pas des mots.

Ce sont des disciplines.

Elles supposent de la tenue, du courage, du temps long et une fidélité active à ce que nous affirmons être. Le Bien Commun n'est pas un idéal vague. Il est une charpente. Il donne un sens à l'action publique, un ordre aux priorités, une direction à la Nation.

La France n'est pas à réinventer. Elle est à réaccorder. Et ce réaccord commence par une décision simple et immense : Choisir d'être, pleinement, une République qui se veut elle-même.

« Les nations ne se perdent pas quand elles doutent, mais quand elles cessent de vouloir. »

LIVRE II — CE QUE VOIT CELUI QUI REGARDE VRAIMENT

À la politique

Il existe des moments où l'on cesse d'être spectateur de son pays pour en devenir témoin.

Des années entières où l'on observe la France comme un paysage familier, dont les contours semblent immuables, jusqu'au jour où un détail, un tremblement presque imperceptible, révèle que quelque chose d'essentiel s'est déplacé.

Ce Livre II est né de cette observation longue, patiente, parfois douloureuse.

Il est né de l'écart croissant entre ce que la France pourrait être et ce qu'on l'autorise encore à devenir. De projets abandonnés au nom de contraintes supposées indépassables. De décisions différées par peur du coût, du débat ou du bruit. De visions dissoutes dans les tableurs, de volontés usées par la procédure, de passions publiques étouffées par la mécanique institutionnelle.

J'ai vu des fonctionnaires engagés s'épuiser à contourner des normes sans cohérence. Des élus lucides s'enliser dans des structures qui neutralisent l'action. Des associations maintenir le lien social dans la pénurie. Des entreprises étouffer dans la complexité. Des citoyens perdre le fil de ce que l'État attendait encore d'eux.

Et toujours revenait la même phrase, dite avec résignation : « C'est comme ça. »

Non. Ce n'est jamais « comme ça ».

Un pays ne se réduit pas à ses habitudes. Il se construit par ses choix.

La lucidité commence précisément là : au moment où l'on comprend que ce que nous appelons fatalité n'est souvent que la somme de renoncements minuscules, invisibles, jamais nommés.

Alexis de Tocqueville l'avait formulé avec une justesse prophétique : ***« Ce n'est pas toujours en détruisant que les nations périssent, mais en laissant se défaire. »***

C'est cette dégradation silencieuse que nous avons vue à l'œuvre. Non un effondrement, mais une dispersion. Non un chaos, mais un déraccordement progressif. Non un choc, mais une fatigue.

Et pourtant, malgré cette fatigue, la France n'a jamais cessé d'espérer. Derrière l'inquiétude demeure une question simple, presque douloureuse : pourquoi un pays doté d'autant de talents, de richesses et d'humanité n'arrive-t-il plus à se tenir droit ?

Ce livre est une tentative de réponse.

Une réponse née non de l'indignation, mais de l'examen méthodique d'un système qui se contredit lui-même. Non d'une colère passagère, mais d'un travail d'observation du réel. Non d'un goût pour la polémique, mais d'un attachement profond à l'idée que la France mérite mieux que la résignation.

Il est aussi traversé par une gratitude silencieuse envers tous ceux qui maintiennent le pays debout alors même qu'il ne leur rend pas toujours justice : enseignants, soignants, policiers, familles, associations, entrepreneurs, élus de terrain, fonctionnaires engagés.

Comme l'écrivait André Malraux : ***« Une civilisation se juge à ce qu'elle exige d'elle-même. »***

Or, depuis trop longtemps, la France n'exige plus d'elle-même que l'art de gérer la pénurie et de masquer l'incohérence. Elle corrige, elle ajuste, elle répare, mais elle ne construit plus. La logique budgétaire a remplacé la vision. La communication a remplacé la direction. La procédure a remplacé la pensée.

Socrate avertissait : ***« Une vie sans examen ne mérite pas d'être vécue. »***

Il en va de même pour une Nation.

Ce Livre II est un examen.

Un examen de notre souveraineté, que nous avons laissée s'effriter sans jamais en voter la disparition. Un examen de nos continuités — éducatives, sanitaires, territoriales, régaliennes — que nous avons fragmentées au point d'en oublier l'existence. Un examen de notre État, devenu l'un des plus lourds d'Europe, mais l'un des moins lisibles. Un examen, enfin, de cette fatigue démocratique qui nous fait parfois confondre gestion et gouvernement, survie et projet.

Napoléon Ier observait qu'aucun édifice politique ne tient sans institutions solides. Nous avons conservé les institutions, mais perdu la logique qui les reliait. Nous avons gardé les mots, mais oublié leur sens.

La souveraineté n'est plus une maîtrise. La solidarité n'est plus une articulation. La République n'est plus un cap, mais un décor.

Ce Livre II ne cherche ni à accabler ni à accuser. Il cherche à comprendre, à éclairer, à recomposer une vision. Il ne se contente pas de décrire : il prépare une refondation.

Comme le rappelait le général de Gaulle : ***« La France ne peut être la France sans grandeur. »***

Cette grandeur ne se décrète pas. Elle se structure. Elle se prépare.

Ce Livre II est consacré à cette préparation : à la souveraineté comme ossature, aux continuums comme circulation, aux nouveaux leviers comme charpente, à une République réaccordée à son temps.

Il marque la fin du constat et le début de l'architecture.

Le Livre II est un regard. Le Livre III sera une construction.

ÉLOGE DE L'ÉCONOME

La Nation est fatiguée d'attendre : fatiguée du bruit qui masque l'essentiel, des promesses qui s'effacent, du spectacle qui tient lieu d'action.

Elle n'attend plus un héros. Elle attend celui qui tient, celui qui veille, celui qui ordonne.

Elle attend un économe.

Le mot vient de *oikonomos* : celui qui garde la maison, qui ordonne le foyer, qui tient le monde commun.

L'économe n'est pas un comptable : il est le gardien du lieu où vivent les hommes. Gouverner, ici, redevient un art domestique au sens noble : tenir les équilibres, préserver la durée, rendre la maison vivable.

L'économe n'agit pas pour séduire : il agit pour durer. Il ne court pas après l'émotion publique : il prépare les saisons. Il plante les arbres qui donneront de l'ombre dans vingt ans.

Il préfère la cohérence au tumulte, la vérité au confort, la justesse à la facilité.

Il organise la maison : il renforce les fondations, clarifie les missions, ouvre des chemins dans la forêt des normes. Il ne promet pas l'espoir : il crée les conditions pour qu'il renaisse.

Il ne cherche pas des admirateurs : il cherche des citoyens debout.

La France n'a pas besoin d'un sauveur.

Elle a besoin d'un économe : un gardien, un clarificateur, un réconciliateur, un bâtisseur.

Car les peuples survivent moins grâce à ceux qui brillent qu'à ceux qui gardent la maison.

2027 peut être l'année de ce choix : la voie du temps long, de l'ordonnancement, du Bien Commun.

Non un rôle, mais une mission.

Peut-être la seule figure capable de tenir la Nation debout dans un siècle qui vacille.

— CE QUI EST DÉFAIT

CHAPITRE I — Le pays éparpillé

Il y a des pays qui s'effondrent en un jour, et d'autres qui s'effritent par nuances.

La France appartient à cette seconde catégorie : non un pays dévasté, mais un pays dispersé. Elle tient encore par ses forces vives, mais ne tient plus par la cohérence de son organisation.

Ce chapitre n'est pas un réquisitoire : c'est un miroir.

Le constat est simple : ce n'est pas la France qui va mal, c'est son organisation qui s'est dispersée.

Or, ce qui a été dispersé peut être réaccordé.

C'est l'objet du Livre II : retrouver une structure.

Le chapitre suivant dira d'où nous venons ; ensuite seulement, nous pourrons reconstruire.

CHAPITRE II — L'héritage de 1945

1945 fut un moment rare : une nation brisée n'a pas seulement reconstruit ses murs, elle a reconstruit sa colonne vertébrale.

Le plus frappant n'est pas l'ampleur matérielle, mais l'unité morale : la souveraineté n'était pas un luxe, mais une condition de survie.

Ce qui fut bâti n'était pas un catalogue, mais une architecture où chaque pièce soutenait les autres : énergie, industrie, social, agriculture, école et culture.

La grandeur de 1945 n'était pas dans la victoire : elle était dans l'ambition morale.

Nous n'avons pas détruit cet héritage : nous l'avons laissé glisser, renoncement après renoncement. Nous avons géré les circonstances ; nous avons négligé le destin.

Si 1945 nous parle encore, ce n'est pas pour être copié : c'est pour être réinterprété.

L'héritage de 1945 n'est pas un musée : c'est un rappel.

La France fut forte lorsqu'elle fut cohérente et souveraine.

Nous avons déjà su reconstruire un pays brisé ; nous pouvons reconstruire un pays dispersé.

Le chapitre suivant montrera comment le modèle s'est délité — et pourquoi la refondation devient inévitable.

CHAPITRE III — La grande dispersion (1980–2020)

Trente années où la France a perdu son axe.

Il existe des périodes où un pays recule en croyant progresser. Entre les années 1980 et 2020, la France a connu cette illusion.

Non par effondrement brutal, mais par érosion silencieuse. Non par défaite visible, mais par perte progressive de maîtrise.

La dispersion n'est jamais un événement : c'est une trajectoire.

Comme l'écrivait Hegel, les nations connaissent parfois des nuits où elles sombrent dans le faux. La nôtre fut longue, feutrée, presque aimable en apparence, mais décisive dans ses effets.

I. Quand l'ouverture devint abandon

À partir des années 1980, la France s'est trouvée confrontée à des mutations profondes : mondialisation des échanges, financiarisation de l'économie, révolution technologique, construction européenne, nouveaux équilibres géopolitiques.

Face à ces transformations, un choix s'est imposé, souvent sans débat : s'ouvrir, se délester, s'adapter.

L'intention n'était pas illégitime. Il s'agissait de moderniser, de fluidifier, de s'inscrire dans le mouvement du monde.

Mais comme le rappelait Raymond Aron, le progrès devient illusion lorsqu'il ne sait pas ce qu'il abandonne.

La France a ouvert sans protéger, dérégulé sans reconstruire, flexibilisé sans repenser sa stratégie, externalisé sans mesurer la dépendance, privatisé sans anticiper les effets systémiques.

Chaque décision paraissait rationnelle prise isolément. Leur accumulation a produit une perte de cohérence.

II. Quand le marché remplaça la stratégie

Peu à peu, une conviction s'est imposée : le marché saurait mieux orienter que la Nation, la concurrence mieux que la planification, la mondialisation mieux que l'État.

La puissance publique s'est volontairement mise en retrait, convaincue que la modernité passait par l'effacement.

Cette certitude a affaibli des leviers essentiels : industries stratégiques, infrastructures souveraines, recherche de rupture, stocks de sécurité, formation technique, planification énergétique, autonomie numérique.

La modernisation s'est faite sans architecture.

Ce ne fut pas une libération, mais une dispersion.

III. L'État devenu gestionnaire du court terme

Dans les années 1990 et 2000, une transformation plus profonde s'est opérée : l'État n'a plus été perçu comme l'organisateur du destin collectif, mais comme l'arbitre des contraintes.

Il a géré les déficits, ajusté les dispositifs, compensé les fractures, réglementé sans structurer.

Hannah Arendt l'avait pressenti : ***« Lorsque l'administration remplace la politique, la liberté devient procédure. »***

La France est entrée dans une situation paradoxale : tout semblait possible sur le papier, presque rien ne devenait fluide dans le réel.

Le citoyen ne comprenait plus. Le fonctionnaire perdait le sens. Le politique cessait d'oser. La République ne reliait plus.

IV. L'Europe comme substitut au projet national

L'intégration européenne a trop souvent servi de substitut à l'absence de vision nationale.

On a attribué à Bruxelles ce que l'on ne voulait plus décider soi-même. On a invoqué l'Europe pour contourner le débat démocratique.

Ce n'est pas l'Europe qui affaiblit la France, mais l'absence de projet français qui affaiblit la France dans l'Europe.

Jacques Delors le rappelait : ***« On ne tombe pas amoureux d'un marché. »***

Ce qui manque n'est pas l'Europe, mais le sens français dans l'Europe.

V. Une société fragmentée.

La dispersion institutionnelle a produit une dispersion sociale.

L'école s'est fragmentée, la santé s'est bureaucratisée, la justice s'est ralentie, les territoires se sont éloignés, l'industrie s'est vidée, le travail s'est précarisé, la famille s'est fragilisée.

Chaque partie du pays a suivi sa propre logique, sans harmonie.

La France n'était pas en crise de valeurs. Elle était en crise de cohérence.

VI. Le basculement numérique : la souveraineté évaporée

À partir des années 2010, la révolution numérique aurait pu renforcer la France. Elle a souvent accéléré sa dispersion.

Les données ont été externalisées, les plateformes capturées, les infrastructures rendues dépendantes, les normes subies, les imaginaires façonnés ailleurs.

Comme l'écrivait Günther Anders ***: « Nous sommes en retard sur nos propres inventions. »***

La France en est une illustration saisissante.

VII. Le fil rompu : la disparition du récit commun

Une Nation vit de son économie, mais elle se tient par son récit.

Or, depuis trente ans, la France a perdu son récit commun. Elle n'a plus qu'une juxtaposition de discours : le politique parle au présent, l'administration en normes, le marché en chiffres, les citoyens en colères.

Mais plus personne ne parle du destin.

Comme l'écrivait Albert Camus : ***« Mal nommer les choses ajoute au malheur du monde. »***

Nous avons nommé modernisation ce qui fut, souvent, une dispersion.

Conclusion du chapitre III — La dispersion est réversible

La France n'a pas décliné : elle s'est désaccordée. Et ce qui a été dispersé peut être recomposé.

L'après-guerre nous a appris que l'architecture précède la puissance. Les décennies récentes nous enseignent que son absence précède la fragilité.

La dispersion n'est pas une fatalité : elle est un état transitoire.

Le chapitre suivant montrera pourquoi la refondation est désormais inévitable — et pourquoi elle ne peut passer que par un réaccordement volontaire, structuré et assumé de la Nation autour du Bien Commun.

CHAPITRE IV — La nécessité de la refondation

La France est dans un entre-deux : un pays qui tient, mais ne tient plus ensemble.

Ce manque de direction n'est pas seulement politique : il est moral, institutionnel, culturel.

L'État a cessé d'unifier ; le récit s'est évanoui ; le présentisme a remplacé l'horizon ; les institutions ne relient plus.

Ce que nous vivons n'est pas une crise parmi d'autres : c'est une fin de cycle.

Refonder n'est pas casser, mais réaccorder : retrouver ce qui relie (continuums), ce qui protège (souverainetés), ce qui structure (institutions lisibles), ce qui oriente (temps long), ce qui garantit (Bien Commun).

La refondation n'occupe pas le temps : elle ouvre l'avenir.

Elle passe enfin par une figure : l'Économe — non un homme providentiel, mais une responsabilité de méthode, de sobriété, de continuité.

Nous sommes au seuil : continuer à se disperser, ou décider à nouveau de se tenir droit.

Il reste maintenant à comprendre comment reconstruire.

Le chapitre suivant posera la pierre angulaire : le Bien Commun comme philosophie politique du XXIe siècle.

CHAPITRE V — Le Bien Commun

Le Bien Commun est un mot usé par l'usage, devenu décor plus qu'exigence.

Pourtant, c'est autour de lui que se joue l'avenir de la France.

Car une Nation ne tient que si quelque chose la dépasse — non comme idéal abstrait, mais comme œuvre partagée.

Comme l'écrivait Paul Ricœur : ***« Le Bien Commun n'est pas ce que chacun possède, mais ce que tous construisent. »***

I. La République comme œuvre commune

Le Bien Commun n'est pas une invention moderne. Il traverse toute la tradition politique occidentale : chez Aristote, finalité de la cité ; chez Cicéron, cœur de la *res publica* ; chez Thomas d'Aquin, exigence morale ; chez Montesquieu, principe d'équilibre ; chez Rousseau, volonté générale ; chez Tocqueville, rempart contre la tyrannie des intérêts particuliers.

À chaque époque, sa formulation change, mais sa fonction demeure : relier ce qui menace de se disperser.

Le Bien Commun n'est pas un supplément d'âme. Il est la matrice de la République.

Et ce que nous vivons aujourd'hui — fragmentation, individualisme institutionnel, politiques sans horizon — est l'effet direct de son effacement.

II. Pourquoi les démocraties ont perdu le Bien Commun ?

Les démocraties modernes ont glissé selon trois dérives convergentes :

- L'hypertrophie du droit individuel, où toute relation devient revendication ;
- La domination du marché, où l'utilité supplante la justice ;
- Le règne du court terme, où l'élection remplace la génération.

Hannah Arendt l'avait pressenti : « Le danger des temps modernes ***n'est pas la disparition du public, mais sa dissolution dans le privé. »***

Le commun s'efface, la conscience civique se privatise, la politique se réduit à la gestion, et la démocratie à une addition d'intérêts.

Dans un tel paysage, le Bien Commun cesse d'être un principe actif. Il devient une nostalgie.

III. Le Bien Commun comme ordre moral partagé

Refonder le Bien Commun ne signifie pas revenir en arrière, mais redonner une boussole morale à l'action publique.

Non une morale imposée, mais une orientation commune, au sens grec du terme : ce qui guide la conduite collective.

Aristote rappelait que la politique vise la vie bonne. Autrement dit, elle doit permettre à chacun de s'accomplir sans dissoudre le tout.

Cela suppose trois exigences simples et rigoureuses :

- Une responsabilité partagée : le citoyen n'est pas un consommateur de droits.
- Des institutions cohérentes : ce qui ne relie plus ne protège plus.
- La vérité comme règle : le Bien Commun ne survit ni dans le mensonge administratif ni dans la communication permanente.

Une République adulte n'éclaire pas par illusion, mais par lucidité.

IV. Le Bien Commun, cadre de la souveraineté contemporaine

La souveraineté moderne ne se limite plus au territoire ou à l'armée. Elle est énergétique, industrielle, numérique, culturelle, cognitive.

Mais surtout, elle est morale.

Un pays peut disposer de moyens considérables et perdre pourtant son âme.

Un pays qui abandonne le Bien Commun à la logique marchande ou à la fragmentation identitaire perd ce qui lui permet d'être une Nation.

Dans le monde contemporain, le Bien Commun est la seule souveraineté capable d'unifier institutions, territoires, générations et missions de l'État.

Comme le disait Malraux : ***« Une civilisation est ce qui s'agrège autour d'une certaine idée de l'homme. »***

La question est donc décisive : voulons-nous une République de clients, d'usagers, ou de citoyens participant à une œuvre ?

V. Le Bien Commun comme méthode de refondation

Le Bien Commun ne peut rester une valeur abstraite. Il doit devenir une méthode de gouvernement.

Cela implique trois ruptures claires :

- Rupture avec le court terme : la politique ne suit pas l'émotion, mais la durée.
- Rupture avec l'atomisation : chaque politique publique doit être pensée dans ses continuités — éducatives, sanitaires, sociales, territoriales.
- Rupture avec la logique des silos : la Nation doit redevenir un organisme, non une juxtaposition de mécanismes.

Le Bien Commun redonne à la politique sa fonction première : non occuper le présent, mais ouvrir l'avenir.

VI. Le Bien Commun comme horizon démocratique

Une démocratie vivante n'est pas celle où tout le monde parle, mais celle où chacun se sent partie prenante d'un destin commun.

La France n'a pas besoin d'une démocratie plus bruyante, mais d'une démocratie plus dense, capable de rassembler autour d'un sens et d'une œuvre.

Le Bien Commun transforme le citoyen en acteur et la politique en construction partagée.

Henri Bergson l'exprimait avec justesse : ***« L'avenir n'est pas ce qui va arriver, mais ce que nous allons faire. »***

Conclusion du chapitre V — Le Bien Commun comme boussole

Le Bien Commun n'est ni un slogan ni une abstraction.

Il est la seule réponse cohérente à un monde fragmenté, instable et accéléré.

Il réunit souveraineté, morale publique, continuité républicaine, émancipation individuelle et vision de long terme.

Il est ce vers quoi une Nation revient lorsqu'elle décide de se tenir debout.

CHAPITRE VI — Le temps long comme discipline républicaine

Le temps long n'est pas une lenteur choisie ni une nostalgie du passé. Il est la condition même de toute politique qui prétend durer.

Une République qui gouverne uniquement dans l'urgence finit par gérer sans orienter, réagir sans décider, réparer sans construire.

I. La crise du temps politique

Le cœur de la crise contemporaine n'est pas seulement économique ou institutionnel : il est temporel.

L'action publique est devenue captive de l'instant : cycles électoraux courts, urgence médiatique permanente, décisions dictées par l'émotion plus que par la cohérence.

Gouverner n'est plus inscrire une trajectoire, mais répondre à une succession d'événements.

Cette dérive ne produit ni vision ni stabilité, mais une fatigue démocratique durable.

II. Gouverner, c'est transmettre

Une Nation adulte ne gouverne pas seulement pour ceux qui votent aujourd'hui, mais pour ceux qui hériteront demain.

Le temps long introduit une responsabilité intergénérationnelle qui dépasse les alternances et oblige à penser la continuité des choix.

L'école, l'énergie, la dette, le climat, les infrastructures, la cohésion sociale ne peuvent être traités comme des variables d'ajustement.

Ils constituent un patrimoine commun qui engage l'avenir bien au-delà d'un mandat.

III. Le temps long comme contrainte assumée

Le temps long n'est pas confortable.

Il impose des renoncements immédiats, des décisions impopulaires, une parole de vérité. Il oblige à dire non à ce qui flatte pour dire oui à ce qui dure.

Gouverner dans le temps long, c'est accepter de perdre des soutiens à court terme pour préserver la cohérence nationale à long terme.

C'est faire primer l'ordre, la continuité et la lisibilité sur l'agitation et la communication.

IV. Du principe à l'incarnation

Une méthode de gouvernement ne vaut que si elle s'incarne.

Le temps long appelle donc une figure capable de l'assumer, de l'organiser et de le protéger contre les pressions de l'instant.

Ce n'est ni un homme providentiel ni un technocrate, mais un organisateur de la durée, un gardien des priorités et des équilibres.

Cette figure, la République l'a déjà connue sous d'autres formes. Elle doit aujourd'hui la redéfinir.

Conclusion du chapitre VI — Gouverner, c'est durer

Le temps long n'est pas un luxe réservé aux périodes stables. Il est une nécessité vitale dans les temps de rupture.

Une République qui renonce à durer se condamne à subir.

Le Bien Commun donne la direction. Le temps long donne la méthode. Il reste à définir qui en sera le gardien.

CHAPITRE VII — Les souverainetés : l'armature d'un monde redevenu dangereux

Il fut un temps où l'on croyait que la puissance pouvait se déléguer, que le marché ferait office de stratégie et que la technique rendrait inutiles les anciennes prudences.

Ce temps est révolu.

Le XXIe siècle est redevenu un siècle de puissance.

Les dépendances y sont des armes, les fragilités des leviers, et la moindre rupture peut faire vaciller un hôpital, une armée ou une économie.

Dans ce monde, une Nation peut vivre sans faste, sans prestige, sans gloire. Elle ne peut pas vivre sans souveraineté.

La seule question politique décisive est désormais celle-ci : quelles sont les souverainetés que la France ne peut plus se permettre de perdre ?

Car une République peut débattre de tout, sauf de ce qu'elle ne doit jamais déléguer.

Les souverainetés ne sont ni des options ni des programmes.

Elles sont les conditions physiques, morales et stratégiques de l'existence libre d'un pays.

I. Le retour d'un monde où la dépendance vaut capitulation

Pendant des décennies, l'Occident a confondu interdépendance et abandon. Il a externalisé ses productions, ses réseaux, ses données, son énergie, son alimentation, comme si ces fonctions n'étaient plus vitales.

La réalité a tranché.

La dépendance est redevenue une arme géopolitique.

Celui qui contrôle l'énergie conditionne la stabilité. Celui qui contrôle les données influence les décisions. Celui qui contrôle les chaînes de production décide de l'industrie. Celui qui contrôle l'alimentation pèse sur la paix intérieure.

Dans un tel monde, les souverainetés ne sont plus des thèmes abstraits. Elles sont des lignes rouges.

Lorsqu'elles cèdent, un pays sort de l'Histoire.

II. Les douze souverainetés : la carte vitale d'un pays qui veut durer

1. **La souveraineté économique** — ne pas vendre son avenir. Un pays qui vit à crédit dépend de ceux qui le financent. Un pays qui ne produit plus dépend de ceux qui fabriquent. Sans souveraineté économique, toutes les autres deviennent théoriques.
2. **La souveraineté énergétique** — décider sans subir. Dans le monde contemporain, l'énergie est une arme silencieuse. Un pays qui ne maîtrise pas son énergie ne choisit plus : il s'aligne, il paie ou il cède.
3. **La souveraineté industrielle** — produire pour rester une Nation. Aucune puissance durable n'a existé sans base

industrielle. Un pays qui ne fabrique plus dépend, et un pays qui dépend se tait.

4. **La souveraineté alimentaire** — nourrir les siens pour ne pas trembler. La capacité à nourrir sa population est une fonction stratégique. Dans un monde instable, la vraie puissance commence par le pain.
5. **La souveraineté intérieure** — que la loi continue de gouverner. Un État qui ne tient plus ses rues, ses frontières juridiques et sa sécurité intérieure cesse d'être une République effective.
6. **La souveraineté numérique** — tenir ses données, donc son destin. La dépendance numérique est la plus insidieuse. Qui tient les données tient la décision. Qui tient la décision tient le pays.
7. **La souveraineté sociale** — financer la solidarité sans se mentir. Une solidarité financée par l'endettement n'est pas généreuse : elle est mensongère. La justice sociale exige une base productive réelle.
8. **La souveraineté sanitaire** — protéger la vie quand le monde s'arrête. La crise récente l'a montré : sans filières critiques, stocks stratégiques et autonomie pharmaceutique, la santé devient vulnérable.
9. **La souveraineté militaire** — que la France ne devienne jamais un couloir. La paix repose sur la capacité de dissuasion, de protection et d'anticipation dans tous les champs de conflictualité.
10. **La souveraineté territoriale** — qu'un pays reste un pays. Lorsque certains territoires décrochent, la Nation se fragmente. La continuité territoriale est une condition d'existence.
11. **La souveraineté climatique** — tenir debout sous un ciel qui change. Le climat n'est plus un sujet sectoriel, mais le cadre de toute politique publique durable.
12. **La souveraineté démocratique** — protéger la volonté générale. La démocratie ne se défend plus seulement par des lois, mais contre les manipulations invisibles qui altèrent la décision collective.

III. L'Économe : celui qui hiérarchise dans un monde saturé d'urgence

Dans un monde où tout paraît prioritaire, gouverner consiste d'abord à distinguer l'essentiel du secondaire.

Les souverainetés ne sont pas des domaines parmi d'autres : elles sont les organes vitaux de la Nation.

L'Économe n'est ni un tribun ni un gestionnaire. Il est celui qui voit clair, qui hiérarchise, qui protège ce qui conditionne la durée.

Il ne promet pas l'instant. Il veille sur la structure.

Tant que les souverainetés ne sont pas debout, aucun projet, même généreux, ne peut tenir.

Conclusion du chapitre VII — Le retour aux fondations

Les souverainetés sont la charpente invisible d'un pays libre. L'Économe est celui qui veille sur cette charpente.

CHAPITRE VIII — Ce que l'Histoire nous a appris : les souverainetés comme charpente d'une Nation

L'histoire n'est pas seulement un récit. Elle est une épreuve de vérité. Elle montre, avec une constance implacable, qu'aucun pays ne dure s'il ne tient pas ce qui le fait vivre.

Depuis 1945, la France a connu successivement un temps de reconstruction souveraine, un temps de maîtrise assumée, puis un temps de relâchement progressif. Ce mouvement n'a pas été idéologique. Il a été historique.

I. 1945 : la souveraineté comme réflexe de survie

À la sortie de la guerre, la France est ruinée, affamée, désorganisée. Mais elle sait une chose : un pays n'est libre que s'il peut nourrir sa population, produire son énergie, fabriquer ce dont il a besoin, protéger ses citoyens, soigner ses blessés et décider sans tutelle extérieure.

Les souverainetés ne sont alors ni proclamées ni théorisées. Elles sont construites. Non par doctrine, mais par nécessité.

Comme le disait le général de Gaulle : ***« La France doit redevenir maîtresse chez elle. »***

II. Les Trente Glorieuses : la souveraineté comme moteur de prospérité

La croissance de l'après-guerre n'est pas un miracle économique. Elle est la conséquence directe d'une architecture souveraine assumée : énergie maîtrisée, industrie forte, agriculture stratégique, protection sociale financée, État organisateur.

L'indépendance n'est pas un slogan. Elle devient un fait.

Pierre Mendès France l'avait résumé avec lucidité : ***« L'indépendance économique conditionne l'indépendance politique. »***

III. Le glissement silencieux des années 1980–2000 La rupture ne fut ni brutale ni assumée. Elle prit la forme d'un glissement progressif : ouverture sans stratégie, dérégulation sans garde-fous, dépendances acceptées comme modernité.

Industrie, énergie, territoires, dette sociale, numérique, stocks stratégiques : rien ne s'effondre, mais tout s'affaiblit. Le pays fonctionne encore, mais il perd son assise.

Comme l'avait pressenti Napoléon : ***« Une nation se détruit par l'intérieur bien avant d'être vaincue de l'extérieur. »***

IV. Le XXIe siècle : la convergence des vulnérabilités

Ce qui rend la période actuelle inédite, c'est la simultanéité des fragilités. Énergie, industrie, alimentation, santé, social, numérique, sécurité intérieure, démocratie, climat, territoires, défense : toutes les souverainetés sont mises sous tension en même temps.

Un pays peut survivre à une crise isolée. Il ne se projette plus lorsque toutes ses bases sont fragilisées.

André Malraux l'écrivait : ***« Une civilisation se juge à ce qu'elle accepte de devenir. »***

Nous sommes à ce moment de vérité.

V. La dépendance, prélude de l'effacement

Une Nation peut traverser des guerres, des récessions, des divisions.

Elle ne survit pas longtemps lorsqu'elle ne peut plus se nourrir seule, produire ce qu'elle consomme, financer sa solidarité, maîtriser ses données, défendre ses citoyens ou stabiliser son territoire.

La dépendance n'est jamais neutre. Elle est toujours un prélude.

VI. Restaurer les souverainetés : une nécessité, non un choix

La France n'est ni faible ni condamnée. Elle est dispersée.

Et cette dispersion a une cause claire : l'effritement progressif de ses souverainetés.

C'est ici que s'impose la responsabilité de l'Économe : non séduire, non promettre, mais restaurer, un à un, les piliers sans lesquels aucun projet, aucune réforme, aucune fraternité ne peut tenir.

Conclusion du chapitre VIII — Reconstruire d'abord ce qui tient

Un pays ne devient pas grand par l'élan. Il le devient par ses fondations.

Lorsque les souverainetés tiennent, la Nation peut décider. Lorsqu'elles cèdent, elle subit.

CHAPITRE IX — Les continuums : la mécanique d'une Nation qui recommence à tenir

Il arrive un moment dans la vie d'un pays où l'on comprend que les lois ne suffisent plus, que les dispositifs, même généreux, ne produisent plus de cohérence, et que la République ne s'est pas affaiblie par manque d'efforts, mais par rupture de continuités.

La France est à ce moment précis.

Depuis des décennies, elle a multiplié les réformes sans relier les parcours, les politiques sans articuler les trajectoires, les institutions sans organiser leur durée. Chaque secteur a avancé, mais l'ensemble s'est disloqué. Le pays a fonctionné ; la Nation, elle, a cessé de se conduire.

Reconstruire une République durable ne consiste donc plus à ajouter des lois ou à corriger des dispositifs. Il s'agit de réarticuler ce qui a été séparé, de rétablir des lignes de cohérence capables d'accompagner les individus, les territoires et les générations sans rupture ni angle mort.

C'est ce que ce livre nomme les continuums.

Les continuums ne sont ni des outils de gestion ni des réformes sectorielles. Ils sont une architecture de durée. Ils reposent sur une idée simple : une vie humaine n'est pas une succession de guichets, un territoire n'est pas une zone administrative, une économie n'est pas une addition de flux, et une République ne tient jamais par juxtaposition, mais par continuité.

La République du Bien Commun repose sur douze continuums vitaux, structurés par ordre d'importance, auxquels s'ajoute un treizième continuum d'incarnation, situé au sommet de l'État.

I. Les fondations de puissance

(Ce qui permet à un pays d'exister)

1. Le continuum énergétique Toute souveraineté commence par l'énergie. Sans maîtrise énergétique, un pays dépend, s'aligne et subit. L'énergie conditionne la santé, l'industrie, les transports, la défense et la liberté de décision. Elle est la première source de puissance réelle.

2. Le continuum défense et résilience stratégique La paix n'est pas une absence de conflit, mais une capacité de protection. Dans un monde de menaces hybrides — militaires, cyber, informationnelles, spatiales — la défense n'est plus un secteur, mais une continuité nationale. Tant qu'un pays peut se défendre, il peut choisir.

3. Le continuum numérique et cognitif La souveraineté contemporaine se joue dans l'invisible. Qui contrôle les données, les infrastructures numériques et les systèmes cognitifs influence les décisions, les comportements et la démocratie elle-même. Ce continuum garantit l'autonomie de la pensée collective.

II. Les fondations de cohésion

(Ce qui transforme une population en communauté)

4. Le continuum éducatif et familial Une Nation se prépare dès l'enfance. Ce continuum relie la naissance à l'émancipation, la famille à l'école, l'école à la société. Lorsqu'un pays cesse d'accompagner les parcours humains, il cesse de faire Nation.

5. Le continuum santé La santé n'est pas un système, mais un lien. Ce continuum assure une continuité réelle entre prévention, soin, traitement et réparation. Il empêche que la dignité humaine se perde dans les interstices administratifs.

6. Le continuum sécurité–justice La sécurité protège, la justice répare. Séparées, elles s'affaiblissent ; articulées, elles civilisent. Ce continuum rétablit le tempo du droit, supprime les délais qui brisent la confiance et redonne à l'État sa crédibilité.

7. Le continuum territorial Une République qui abandonne ses marges se fragmente. Ce continuum garantit que l'on peut vivre dignement partout, que les services essentiels ne disparaissent pas, et que la Nation ne se délite pas en une géographie d'abandons.

III. Les fondations de prospérité

(Ce qui permet de durer sans se renier)

8. Le continuum économique, fiscal et budgétaire La prospérité durable repose sur la clarté et la maîtrise. Ce continuum met fin à l'empilement des rustines fiscales, aux déficits chroniques et à l'illusion de l'abondance à crédit. Il redonne au pays la capacité d'investir sans hypothéquer l'avenir.

9. Le continuum travail et activités humaines — le Compteur d'Heures Universel Le temps humain est la première richesse d'une Nation. Le Compteur d'Heures Universel reconnaît toute contribution utile — travail, engagement, soin, transmission. Il restaure la dignité sociale en rendant visible ce qui ne l'était plus.

10. Le continuum associatif et solidaire Les sociétés tiennent par ce qui n'est pas monnayable. Ce continuum stabilise les liens associatifs, solidaires et bénévoles, sans lesquels un pays devient riche matériellement et pauvre moralement.

IV. Les fondations démocratiques et écologiques

(Ce qui rend le pouvoir légitime et transmissible)

11. Le continuum démocratique et institutionnel La démocratie n'est vivante que si la décision reste lisible, contrôlable et responsable. Ce continuum relie le vote, la délibération, la participation citoyenne, la transparence et la responsabilité des élus. Sans lui, tout devient technocratique.

12. Le continuum écologique et climatique Le climat n'est plus un sujet sectoriel, mais le cadre de toute politique publique. Ce continuum protège l'eau, les sols, les forêts, les territoires et les conditions matérielles de la vie. Il garantit que la civilisation puisse durer dans un monde qui se dérègle.

V. Le continuum présidentiel de souveraineté morale et externe

(L'incarnation au sommet de l'État)

Les douze continuums précédents structurent la vie intérieure de la Nation. Mais une République ne se tient pas seulement par ses équilibres internes. Elle se tient aussi par la manière dont elle se projette dans le monde et assume ses choix les plus engageants.

Ce treizième continuum n'est pas sectoriel. Il est d'incarnation.

L'immigration n'y est ni un flux abstrait, ni un tabou politique, ni un slogan moral. Elle est un acte de consentement réciproque, engageant à la fois la Nation qui accueille et l'individu qui arrive.

Pour l'Économe, l'immigration n'est ni un bien en soi, ni un mal en soi. Elle est une réalité à gouverner, avec lucidité, responsabilité et vérité.

Elle engage trois dimensions indissociables :

- **Une dimension morale**, car accueillir suppose la capacité réelle de loger, former, soigner et intégrer sans tromper ni l'accueilli ni la société d'accueil.
- **Une dimension économique**, car toute immigration représente à la fois une charge immédiate (éducation, santé, logement, accompagnement) et une recette potentielle (travail, cotisations, création de valeur), à condition qu'elle soit organisée, qualifiée et accompagnée.
- **Une dimension politique**, car elle touche à la cohésion nationale, à la confiance collective et au pacte républicain.

L'immigration de consentement est celle qui repose sur une vérité partagée :
la Nation n'accueille que ce qu'elle peut intégrer dignement, et l'individu n'entre que s'il accepte les règles, les devoirs et l'horizon commun.

Une immigration sans intégration est une promesse mensongère. Une fermeture sans discernement est un renoncement.

Gouverner l'immigration, pour l'Économe, c'est tenir ensemble humanité, capacité réelle et intérêt national.

Les Fonds Souverains viennent renverser ce pacte de résignation.

CHAPITRE X — Le Compteur d'Heures Universel (CHU)

Le Big Bang social et économique de la République du Bien Commun

Il existe des moments où une Nation comprend qu'elle ne pourra plus avancer sans réinventer ses fondations. Des moments rares, presque silencieux, où l'histoire dit : ***« Vous ne tiendrez plus si vous ne vous réaccordez pas. »*** Ce seuil, la France l'a atteint.

Les souverainetés ont rappelé ce que le pays ne pouvait plus déléguer. Les continuums ont montré ce qu'il fallait reconnecter pour que la République tienne ensemble. Mais pour qu'une architecture dure, il faut une charpente sociale. Il faut un principe simple, lisible, juste, universel, un principe capable de réconcilier travail, solidarité, dignité et avenir.

C'est ici qu'intervient l'Économe. Non comme un gestionnaire, mais comme le gardien du rythme national. Il sait qu'aucune souveraineté ne se tient si la solidarité chancelle ; qu'aucun continuum ne fonctionne si la société elle-même n'a plus de base stable ; que rien ne dure si la valeur du temps humain reste invisible.

Le Compteur d'Heures Universel est l'instrument de cette vision. Il ne constitue pas un droit immédiatement mobilisable, mais une reconnaissance cumulative inscrite dans une réserve sociale. C'est en cela qu'il incarne un véritable big bang social et économique : non une rupture violente, mais une recomposition simultanée des règles, rendant cohérentes des politiques aujourd'hui disjointes.

Le Compteur d'Heures Universel n'est pas une réforme sociale parmi d'autres. Il est la refondation même du contrat républicain. Ce qui suit n'est pas un programme. C'est le texte fondateur d'une nouvelle architecture sociale pour la France.

Le Compteur d'Heures Universel — « CHU »

Le big bang social et économique de la refondation humaine et économique

Il arrive parfois qu'une Nation se retrouve au pied du mur de sa propre histoire. Non pas parce qu'elle manque d'idées, de lois ou de talents, mais parce qu'elle a laissé se déliter la logique qui reliait les individus les uns aux autres. La France vit ce moment.

Pendant des décennies, elle a cru qu'il suffisait de corriger, d'ajuster, de compenser, de subventionner, de réparer. Elle a modifié les paramètres de sa protection sociale sans jamais en interroger l'architecture. Elle a ajouté des couches à son édifice jusqu'à en perdre le dessin d'ensemble.

Elle a multiplié les régimes, les exceptions, les statuts, les niches, les exonérations, les compensations, au point que plus personne ne sait réellement combien vaut une heure de travail, une heure de transmission, une heure d'aide, une heure donnée aux autres.

La France n'a pas perdu son modèle. Elle l'a dispersé.

C'est pour cela qu'un moment vient où il ne suffit plus de réparer : il faut refonder. Faire ce que la Libération avait fait en 1945, lorsque la Sécurité Sociale devint non seulement un système, mais un pacte civilisationnel. Refonder, non par nostalgie, mais parce que la solidité d'un pays repose sur la cohérence de ses fondations.

Le Compteur d'Heures Universel naît de cette exigence.

Ce n'est pas une réforme. Ce n'est pas une innovation administrative. Ce n'est pas un nouvel outil de gestion sociale.

C'est un renversement historique.

Il transforme la manière dont la France mesure sa richesse, reconnaît son effort, finance sa solidarité, construit ses droits et imagine son avenir. Il interroge ce que nous avons oublié : la valeur du temps et la valeur du lien.

I. Le Compteur d'Heures Universel renverse la notion de valeur

Depuis un siècle, notre société a fait comme si seule l'activité marchande méritait reconnaissance. Tout ce qui ne passait pas par un salaire semblait s'effacer : le bénévolat, l'aide familiale, la prévention, l'encadrement associatif, la transmission, la formation continue, l'engagement civique, la santé mentale, l'accompagnement des fragilités.

Pourtant, ce sont ces heures invisibles qui font tenir le pays. Elles ne produisent pas un chiffre d'affaires, mais elles produisent une société.

Le Compteur d'Heures Universel dit enfin la vérité : **toute heure utile vaut quelque chose ; toute heure donnée crée des droits ; toute contribution humaine construit une richesse collective.**

Ainsi naît la première monnaie non monétaire de la République : la monnaie du temps, la monnaie du soin, la monnaie du geste, la monnaie du bien.

II. Le Compteur d'Heures Universel est la nouvelle architecture des droits sociaux

Nous avons construit un système où la protection sociale dépend presque exclusivement du salaire. Résultat : lorsque l'emploi se fragilise, c'est tout l'édifice qui tremble.

Le CHU libère la protection sociale du seul modèle salarial. Il reconnecte l'individu à ses droits, non par sa fiche de paie, mais par son engagement réel.

Chaque heure utile devient :

- Un droit à la retraite.
- Un droit à la formation.
- Un droit à la mobilité professionnelle.
- Un droit à la continuité sociale.
- Un droit opposable, reconnu par l'État.

La retraite n'est plus une sanction d'âge, mais un choix éclairé. Le travail n'est plus une contrainte, mais une construction du capital social personnel. L'engagement n'est plus invisible, mais pleinement reconnu.

Le CHU introduit un principe nouveau : **la dignité n'est pas un statut, c'est une accumulation de valeurs humaines.**

III. Le Compteur d'Heures Universel réconcilie entreprises et salariés

Pendant trop longtemps, l'entreprise et le salarié ont été placés dans une relation d'opposition implicite : l'une cherchant à réduire les coûts, l'autre cherchant à préserver ses droits.

Le CHU renverse cette logique.

L'entreprise n'est plus pénalisée par le coût du travail. Elle contribue selon ce qu'elle produit réellement, non selon le nombre de personnes qu'elle emploie.

Elle est libérée des 42 systèmes parallèles, des exonérations illisibles, des aides conditionnelles, des subventions de compensation. Elle retrouve un terrain économique simple, stable, équitable.

Le salarié, lui, voit enfin son travail produire de la richesse pour l'entreprise et pour lui-même, de manière transparente, lisible, cumulative.

Ils ne sont plus adversaires : ils deviennent partenaires. Ils construisent la valeur ensemble.

Cette réconciliation n'est pas idéologique : elle est mécanique.

IV. Le Compteur d'Heures Universel répare le système social à sa racine

La protection sociale française n'est pas en crise : elle est en déséquilibre constant. Elle a été conçue pour un monde stable, puis adaptée pour un monde instable, mais jamais reconstruite pour un monde en transformation permanente.

Le CHU lui offre une base de financement robuste :

- Une cotisation principale sur le chiffre d'affaires, simple, prévisible, universelle.
- Une cotisation complémentaire sur les bénéfices, permettant de constituer une réserve sociale.
- La contribution de l'État et de l'ensemble des collectivités sur leurs propres budgets de fonctionnement, les obligeant à la transparence et à l'exemplarité.

Ainsi naît une protection sociale excédentaire, stabilisée pour quarante ans, capable d'absorber le vieillissement, les crises économiques, les transitions professionnelles, sans recourir à l'endettement.

Les comptes sociaux cessent d'être un gouffre. Ils redeviennent une architecture.

V. Le Compteur d'Heures Universel est la matrice politique d'une Nation qui se relève

Le Compteur d'Heures Universel n'est pas un outil comptable : c'est la philosophie sociale de la République réaccordée à son siècle.

Il rend à chacun la maîtrise de son parcours. Il relie la valeur économique à la valeur humaine. Il transforme la solidarité en richesse, et non en charge.

Il renforce l'unité nationale autour d'un pacte simple : chacun donne, chacun reçoit, chacun participe, chacun est reconnu.

Il est le socle d'un pays qui refuse l'effondrement démographique et moral. Le fondement d'une société où le temps n'est plus subi, mais investi. Le cœur battant d'une République qui sait enfin où se trouve sa force : dans son peuple, dans son travail, dans ses solidarités, dans ses transmissions.

La Libération nous avait donné la Sécurité Sociale. Le siècle nouveau avait besoin de son équivalent non une copie, mais une métamorphose. Le CHU est cette métamorphose.

Conclusion du chapitre X — Le Compteur d'Heures Universel, instrument de l'Économe, charpente de la Nation

L'Économe veille sur les souverainetés. Les continuums reconstruisent la cohérence du quotidien. Mais c'est le CHU qui donne à la République du Bien Commun sa respiration, sa justice, sa cohésion.

Il n'est pas un dispositif : il est le pacte social nouveau, celui qui permet à la France de redevenir un pays qui se tient, qui se respecte, qui se reconnaît.

Il n'est pas une technique : il est un geste civilisationnel.

Le CHU n'est donc pas seulement un chapitre du Livre II. Il est l'acte fondateur de la refondation française dont l'ensemble de la mécanique est détaillé dans le Livre IV.

Le chapitre suivant montrera comment cette charpente sociale s'articule avec la puissance matérielle de la Nation.

II. Le Fonds Souverain : La Forge de la Puissance Française

Le Fonds Souverain n'est pas une structure administrative, ni un portefeuille d'actifs, ni un instrument financier. C'est un acte politique. Un geste de civilisation : la volonté d'une Nation de redevenir maîtresse de son destin productif.

Il ne s'inscrit pas dans la logique d'un marché. Il inscrit un marché dans la logique d'un pays.

---

1. Redécouvrir ce que l'on possède : La réévaluation du patrimoine national

Il existe une richesse qu'aucun tableur ne mesure : celle qui dort dans nos murs, celle que nos mains n'ont plus touchée, celle que l'État a ignorée par habitude ou par fatigue.

Pendant des décennies, l'État a traité son patrimoine comme un héritage encombrant : des milliers de biens sous-évalués, des friches abandonnées, des terrains oubliés, des immeubles vides — ou vendus au rabais.

La République du Bien Commun engage une réévaluation totale : **une hausse de 30 à 40 % de la valeur réelle du domaine national.**

Ce n'est pas une opération comptable. C'est une redécouverte de soi-même.

Une Nation qui ne sait plus voir la valeur de ses pierres ne peut plus reconnaître la valeur de son avenir.

---

2. Louer plutôt que vendre : Le leasing souverain

La France ne doit plus vendre ce qui la fait tenir. Elle doit le mettre au travail.

C'est cela, le leasing souverain : l'État conserve la propriété des biens publics non stratégiques et les transforme en revenus durables par :

- La location longue.
- La mise en valeur productive.
- La reconversion technologique, universitaire, culturelle ou industrielle.

Ce n'est pas une privatisation. C'est la renaissance d'un patrimoine national actif, qui cesse de dormir et recommence à irriguer la puissance française.

Le produit de ces locations alimente durablement le Fonds Souverain. Ainsi, la France ne vend plus son histoire : **elle en finance l'avenir.**

---

3. Le moteur financier : les sources du Fonds Souverain

Le Fonds Souverain repose sur quatre piliers :

- La réorientation des actifs non stratégiques, monétisés sans jamais être aliénés.
- La contribution sur les rentes improductives et les activités spéculatives, pour distinguer la richesse réelle de la richesse parasite.
- Les bénéfices du Fonds lui-même, qui forment une boucle de puissance vertueuse.
- Les comptes d'épargne souverains, véritable révolution civique du financement national.

Ce dernier pilier change tout. Pour la première fois, les Français n'investissent plus dans la dette de leur pays : **ils investissent dans son avenir.**

III. Les comptes d'épargne : la révolution civique et intergénérationnelle

Les Français possèdent **6 000 milliards d'euros d'épargne**. Une immense partie dort, stagne, se replie, attend — puis, au fil du temps, se convertit en achat de notre propre dette.

L'Économe pose une question simple : **Pourquoi laisser dormir ce qui pourrait construire ?**

Ainsi naissent les trois piliers d'une épargne patriotique : libre, transmissible, projetée vers l'avenir.

---

1. Le Compte d'Épargne Souveraine (CES)

Plafonné à **200 000 €** par titulaire, d'une durée de **10 à 20 ans**, c'est le produit qui finance la puissance productive française.

Il est rémunéré, sécurisé par l'État, transmissible sans frais aux enfants et petits-enfants, partiellement défiscalisé à la clôture.

Mais surtout, il rend chaque citoyen co-bâtisseur de la France à venir. Un pays dans lequel les familles ne transmettent plus seulement un patrimoine : elles transmettent un morceau de souveraineté.

---

2. Le Compte d'Épargne Résilience (CER)

Plafonné à **200 000 €** par titulaire, d'une durée de **5 à 8 ans**, renouvelable une fois.

Il finance : les écoles rurales, les maisons de santé, les maisons de retraites, les universités et les écoles techniques, les mobilités du quotidien, les réseaux essentiels — l'eau, la voirie, le numérique — les petites industries territoriales, les secteurs associatifs, les départements, la sécurité environnementale, la sécurité du quotidien.

Le CER est la première épargne civique du pays réel : une épargne qui finance non pas la dette, mais l'équité territoriale.

---

3. Le Compte Épargne Industrie Souveraine (CEIS)

Réservé aux industriels, entrepreneurs, dirigeants, d'un droit d'entrée minimum de **250 000 €**, d'une durée de **15 ans**, renouvelable par tranche de 5 ans.

C'est le produit qui reconstruit les chaînes de valeur françaises dans : la robotique, les semi-conducteurs, la cyberdéfense, l'IA, les énergies, les matériaux critiques, les biotechnologies, le cyber espace, la défense nationale, les technologies du futur, les sciences et la recherche fondamentale.

Ses bénéfices ne sont pas fiscalisés. Il n'entre pas dans le patrimoine de l'entreprise ou de l'investisseur.

Il incarne une idée simple : **ceux qui produisent pour la France sont ceux qui l'arment pour demain.**

IV. Le Fonds de Résilience : la France des sols, pas seulement des toits

Là où le Fonds Souverain construit la puissance, le Fonds de Résilience protège la cohésion.

Il finance ce qui empêche un territoire de basculer : une école qui ferme, c'est un pays qui se rétracte ; un médecin qui part, c'est une communauté qui s'éteint ; une ligne de train qui disparaît, c'est un horizon qui se resserre.

C'est un fonds qui dit aux Français : **« Nous ne vous laisserons plus seuls. »**

V. Ensemble, ils forment la respiration d'un pays qui se relève

Le Fonds Souverain propulse. Le Fonds de Résilience stabilise.

Le premier construit. Le second protège.

Le premier projette la France dans les années 2040. Le second garantit que la France de 2027 ne s'effondrera pas en chemin.

Une Nation qui maîtrise ce qu'elle produit, ce qu'elle protège et ce qu'elle transmet ne craint plus rien : **elle organise.**

Conclusion du chapitre XI — Quand une économie cesse d'être un champ de bataille et redevient un pacte

Il y a des moments où la technique économique cède la place à la grandeur politique. Où une réforme n'est plus une réforme, mais une refondation. Où un instrument n'est plus un outil, mais une promesse.

Le Chapitre 10 raconte ceci : la France cesse de survivre, elle recommence à bâtir.

Elle mobilise son patrimoine, son épargne, ses entreprises, ses territoires, ses familles — non pour alimenter le passé, mais pour fabriquer l'avenir.

L'Économe veille : il oriente, il clarifie, il relie. Il fait ce que nul n'avait osé faire depuis la Libération : donner à la Nation les outils du temps long.

Et lorsque les Français ouvriront un Compte Souverain, un Compte Résilience, un Compte Industrie, ils ne placeront pas seulement de l'argent. Ils placeront une confiance, une fidélité, une transmission, un avenir.

Car un pays n'est puissant que lorsqu'il se donne les moyens de l'être. Et la France, enfin, se les donne.

CHAPITRE XII — Le Cloud National

La reconquête du lieu où la République se souvient.

Il arrive un moment, dans la vie des nations, où le danger n'est plus au bord de leurs frontières, mais au cœur même de leur mémoire. Jadis, on brûlait les bibliothèques pour soumettre un peuple, on pillait les archives pour effacer ses droits, on dispersait les manuscrits pour rompre la transmission des savoirs. Aujourd'hui, il suffit de posséder ses données.

L'asservissement a changé de forme : il n'a plus besoin de fer, seulement de serveurs. Il n'a plus besoin d'invasion, seulement d'hébergement. Il n'a plus besoin de drapeau, seulement d'une infrastructure que l'on croit neutre, alors qu'elle est désormais l'un des lieux les plus politiques du monde.

La France, comme tant d'autres, a cru que la modernité consistait à déléguer, externaliser, simplifier. Elle a laissé partir ses données sans bruit, comme on laisse s'échapper un parfum, une mémoire, un visage. Une administration pressée migrait sur un cloud étranger ; un hôpital saturé stockait ses diagnostics à l'autre bout du monde ; une entreprise publique sauvegardait ses innovations sous la juridiction d'une puissance alliée, mais dont les intérêts ne seront jamais les nôtres.

Ainsi, par petites touches, la France n'a pas perdu sa souveraineté numérique : elle l'a oubliée. Et c'est souvent ainsi que commence la dépendance : non par violence, mais par indifférence.

I. La dépossession douce : quand un pays n'habite plus sa propre mémoire.

Nous vivons une époque singulière où les nations se vident sans s'effondrer. Elles conservent leurs frontières, leurs administrations, leurs rites démocratiques, mais elles perdent l'essentiel : l'espace secret où elles gardent ce qui les constitue.

Car les données ne sont plus des chiffres. Elles sont l'envers de la vie : la santé des enfants, la justice rendue, la carte mentale des territoires, les plans d'énergie, la mémoire industrielle, l'imagination scientifique, les trajectoires familiales, les traces du droit, les preuves, les blessures, les progrès, les dettes, les renaissances.

Les nations anciennes savaient que pour dominer un peuple, il fallait d'abord s'emparer de ses archives. Aujourd'hui, il suffit de s'emparer de leurs serveurs. Nous avons déplacé la bataille sans changer son enjeu. La mémoire est toujours le terrain de la souveraineté ; elle a seulement changé de support.

Ainsi, un pays peut se croire libre alors que son destin, lui, est déjà ailleurs — dans un datacenter dont personne ici ne connaît le couloir, la porte, les gardiens ou la loi.

II. La donnée : l'or de notre temps, le feu que l'on ne voit pas.

Il fut un temps où les empires s'élevaient sur leurs mines, leurs ports, leurs armes. Notre siècle a changé de pierre angulaire : la richesse est devenue invisible.

La donnée est l'or moderne. Non parce qu'elle s'accumule, mais parce qu'elle permet de gouverner.

Qui maîtrise les données maîtrise les décisions. Qui héberge les données maîtrise les fragilités. Qui contrôle les données maîtrise la vérité.

Nous en avons l'illusion : tout semble plus simple, plus fluide, plus rapide. Mais derrière la simplicité se cache parfois le renoncement, ce renoncement discret, presque poli, par lequel un pays glisse de la liberté à la dépendance sans en prendre la mesure.

Le numérique, disait Günther Anders, ***« nous rend toujours en retard sur nos propres inventions ».*** Nous vivons ce retard : nous avons inventé un monde que nous ne maîtrisons plus.

III. Le Cloud National : la cathédrale invisible d'un pays qui veut durer.

Il fallait donc revenir à un principe élémentaire : ce qui est vital ne peut pas être confié à d'autres.

Un pays ne délègue pas son eau. Un pays ne délègue pas sa défense. Un pays ne délègue pas sa justice. Pourquoi aurait-il délégué sa mémoire ?

Le Cloud National naît de cette intuition simple et pourtant révolutionnaire : une République n'existe que là où elle conserve ce qu'elle est.

Ce cloud n'est pas un nuage. C'est un sol. Un sol numérique, mais un sol souverain : la nouvelle terre ferme de la République.

On imagine souvent les clouds comme des espaces lointains, éthérés, abstraits. Il faut rompre avec cette vision. Le Cloud National n'est pas une vapeur informatique : c'est une cathédrale invisible, une architecture de pierre virtuelle où chaque pilier protège une part de notre destin commun.

Il accueillera : la santé, la justice, l'éducation, l'énergie, la sécurité, les territoires, la recherche, la solidarité, les innovations, les diagnostics, les modèles climatiques, les archives du temps, les preuves du droit, les décisions de l'État.

Tout ce que la France veut garder de sa souveraineté, elle le gardera là.

IV. Ce que les puissances mondiales ont compris avant nous.

Le monde contemporain n'a pas renoncé à la puissance ; il en a seulement changé les outils. Les États-Unis, la Chine, la Russie, l'Inde, la Corée, Israël ont compris que le XXIe siècle ne se décidera pas sur une carte, mais dans une architecture. Faucher un serveur, c'est parfois plus efficace que prendre une ville.

Nous avons longtemps cru que le numérique était une matière neutre, un paysage sans frontières politiques. C'était une illusion commode. Les géants du numérique ne vendent pas des services : ils capturent des dépendances. Ils ne fournissent pas des hébergements : ils façonnent des souverainetés.

La donnée est devenue une arme silencieuse. Le cloud, un territoire stratégique, un acte diplomatique.

Et la France, comme tant d'autres, a laissé filer cet enjeu sans bruit, sans colère, sans conscience. Elle s'est comportée comme si le numérique était un décor, alors qu'il était déjà une frontière.

V. L'Économe devant l'immatériel : remettre de l'ordre dans ce qui disperse.

Dans cet univers où tout se déplace à la vitesse de la lumière, l'Économe trouve paradoxalement son rôle le plus essentiel. Lui qui veille sur la maison commune doit veiller aussi sur sa mémoire. Lui qui ordonne les souverainetés doit ordonner le numérique. Lui qui protège les fondations doit protéger ce sol nouveau, plus fragile que la pierre et plus décisif que l'acier.

Le Cloud National n'est pas une prouesse technologique : c'est un acte de sobriété politique. Il rappelle au numérique ce que le numérique oublie : la responsabilité, la lenteur, la cohérence, la continuité.

Dans un monde saturé de flux, il redevient la forme moderne du silence : le lieu où le pays se rassemble enfin.

VI. Pour le citoyen : la liberté retrouvée dans un monde opaque.

Pour un citoyen, le numérique est devenu un labyrinthe : il ne sait plus où sont ses données, qui les possède, qui les lit, qui les vend, qui les influence. Il voit le monde accélérer mais il ne comprend plus ce qui le gouverne.

Le Cloud National lui rend deux choses essentielles : la simplicité, et la confiance.

Il saura où repose sa santé. Il saura où repose sa justice. Il saura que ses enfants ne sont pas vendus par les algorithmes. Il saura que l'État n'est pas un fantôme numérique dépendant de serveurs étrangers.

Il saura que sa vie, pour la première fois depuis longtemps, lui appartient à nouveau.

Conclusion du chapitre XII — Reprendre nos données, c'est reprendre notre dignité.

Il est des souverainetés que l'on voit, et d'autres que l'on sent. Il est des dangers que l'on combat, et d'autres que l'on découvre trop tard. La souveraineté numérique appartient à cette seconde catégorie : silencieuse, diffuse, intérieure.

Le Cloud National n'est pas un outil : c'est un acte de renaissance. C'est la France qui dit : « Je n'oublierai plus ce que je suis. »

C'est la République qui décide d'habiter à nouveau sa mémoire au lieu de la disperser. C'est la Nation qui retrouve le fil invisible qui relie ses institutions, ses citoyens, ses territoires, ses récits.

Le numérique avait séparé ; la souveraineté numérique rassemble.

Le prochain chapitre — **La Carte Biométrique Républicaine** — montrera comment, à partir de cette mémoire retrouvée, une Nation peut redonner à chacun un visage sûr, un droit protégé, une identité enfin inviolable.

CHAPITRE XIII — La Carte Biométrique Interopérable

L'unité retrouvée du citoyen dans une République dispersée.

Il est des moments dans l'histoire où un pays doit interrompre le bruit du monde pour se demander : « Qui sommes-nous encore ? ». Car l'identité, ce n'est pas un document plastifié, ni un numéro, ni un code qui s'affiche dans la lumière froide d'un guichet.

L'identité est un lien. Un lien entre l'individu et la loi, entre le citoyen et la communauté politique, entre la vie intime et la continuité de la République.

Nous avons trop longtemps traité ce lien comme un formulaire administratif. Nous l'avons réduit à une carte fragile, à une photo pâlie, à un ensemble de bases éparpillées entre ministères, collectivités, opérateurs, prestataires. Nous avons laissé prospérer des identités parallèles, des failles, des doublons, des fantômes administratifs, des zones grises où l'État ne savait plus vraiment qui était qui.

Dans un pays où l'identité se fragmente, la confiance se disperse. Et une République qui ne sait plus reconnaître clairement chacun de ses membres cesse peu à peu d'être une communauté politique : elle devient un espace administratif sans visage.

La Carte Biométrique Interopérable vient mettre fin à ce désordre silencieux. Elle n'est pas un outil de surveillance : elle est un outil de souveraineté. Elle n'est pas une arme de contrôle : elle est une promesse de droits. Elle ne réduit pas l'individu : elle le protège.

Elle est la réponse moderne à une question immémoriale : comment une Nation reconnaît-elle chacun de ses enfants sans jamais confondre sa sécurité et sa liberté ?

I. Quand l'identité se disperse, la République vacille.

Nous vivons dans une époque étrange où l'on peut prouver son identité sur vingt plateformes privées, mais parfois pas devant son propre État. Où un citoyen certifie ce qu'il est auprès de marchands, mais pas toujours auprès de la puissance publique. Où les fragilités administratives deviennent des failles, puis des abus, puis des renoncements.

Il y a des pays qui se perdent par la force ; d'autres se perdent par imprécision. La France n'a pas perdu son identité : elle l'a éparpillée.

Chaque administration a sa base ; chaque service, son fichier ; chaque guichet, sa logique ; chaque territoire, sa procédure. De cette architecture sans unité naissent les lenteurs, les opacités, les injustices — mais aussi les vulnérabilités numériques dont se nourrissent les fraudeurs, les réseaux criminels, les ingérences étrangères.

Dans un tel contexte, la confiance ne se décrète plus : elle se prouve.

II. La Carte Biométrique : non pas un outil, mais une fondation.

La Carte Biométrique Interopérable n'est pas une carte supplémentaire : elle est le socle d'un État moderne, la charnière entre la personne et la République.

Elle repose sur un principe simple, presque antique : ce que l'État doit garantir à chacun, il doit être capable de le reconnaître sans erreur.

Elle unifie ce qui avait été dispersé. Elle relie ce qui avait été morcelé. Elle sécurise ce qui avait été fragilisé.

En elle se rencontrent trois dimensions essentielles :

- **La biométrie**, non comme empreinte de contrôle, mais comme garantie que l'identité ne peut être volée, falsifiée, dupliquée.
- **L'interopérabilité**, non comme un concept technique, mais comme la continuité retrouvée entre les administrations, les services publics, les territoires, les institutions de justice et de sécurité.
- **La souveraineté**, non comme posture, mais comme certitude que la France ne délègue plus à des entreprises privées ou à des législations étrangères la reconnaissance de ses propres citoyens.

Elle devient ainsi la clef de voûte administrative d'un pays qui veut redevenir cohérent.

III. L'identité comme droit et non comme contrainte.

La modernité numérique a fait surgir une inquiétude légitime : « Serons-nous surveillés ? » Cette inquiétude est saine ; elle est même nécessaire. Une démocratie doit toujours se méfier de la tentation de savoir plus que ce qu'elle doit savoir.

La Carte Biométrique n'est pas un instrument de surveillance. Elle est l'inverse exact : c'est un bouclier.

Un bouclier contre la falsification, contre l'usurpation, contre la fragilité administrative, contre l'exploitation commerciale de l'identité, contre les intrusions numériques, contre les manipulations qui défont la démocratie.

Elle ne dit rien de plus que ce qui est nécessaire. Elle ne stocke pas ce qu'elle n'a pas à connaître. Elle ne relie que ce que la loi lui ordonne. Elle protège ce que l'État doit protéger.

L'identité, ici, n'est pas capturée : elle est rendue à son propriétaire, le citoyen.

IV. L'unité retrouvée : une seule identité pour une République enfin cohérente.

On ne mesure pas encore la puissance administrative, sociale et civique d'une identité unifiée.

C'est une révolution silencieuse : finies les disparités entre les départements, les incohérences entre organismes, les parcours hachés où l'on répète cent fois ce que l'État devrait déjà savoir.

Stop aux délais interminables pour prouver ce qui devrait être évident. Boucher les trous juridiques dans lesquels se glissent les fraudeurs et les délinquants.

L'identité devient un chemin unique. Le citoyen ne traverse plus des guichets : il traverse la République comme un seul être reconnu, accompagné, protégé.

On ne se perd plus dans l'administration : on y circule.

V. La Carte Biométrique dans l'architecture du Bien Commun.

Dans la République du Bien Commun, chaque pièce joue un rôle. Les souverainetés protègent le pays. Les continuums relient les parcours de vie. Le CHU reconnaît l'effort humain. Le Cloud National garde la mémoire. Les Fonds Souverains inscrivent l'avenir dans la durée.

La Carte Biométrique, elle, fait quelque chose de plus humble et de plus essentiel : elle donne à chaque citoyen sa place exacte dans cette architecture.

Elle devient l'anneau discret qui relie l'individu aux institutions. Le point fixe dans un siècle qui n'en possède presque plus. Le signe que l'État connaît chacun de ses enfants sans jamais les confondre.

C'est une technologie, certes — mais c'est d'abord une promesse. La promesse que nul ne sera invisible. Que nul ne sera introuvable. Que nul ne sera oublié.

C'est une manière de dire : « La République te voit, te connaît et te protège. »

Conclusion du chapitre XIII — L'identité retrouvée, c'est la confiance recréée.

Un pays ne tient pas seulement par ses lois, ses infrastructures, ses institutions. Il tient parce que chacun s'y sait reconnu. Il tient parce que le citoyen sait que son existence administrative est claire, solide, unifiée. Il tient parce qu'il n'a pas à se battre pour prouver ce qu'il est.

La Carte Biométrique Interopérable n'est pas un progrès technique : c'est un progrès moral. C'est l'État qui reprend sa fonction fondamentale : garantir à chacun l'existence civile, la sécurité personnelle, la dignité identitaire.

Lorsque la République sait reconnaître son peuple, alors le peuple peut reconnaître sa République.

Conclusion du Livre II — Retrouver l'axe

Le Livre II ne proposait ni un programme, ni une promesse immédiate. Il poursuivait un objectif plus exigeant : redonner un axe.

Pendant des décennies, la France n'a pas tant manqué de moyens que de continuité. Elle a réformé sans ordre, produit sans vision, résisté sans horizon. Ce Livre a montré que le pays n'allait pas mal : il allait dans toutes les directions à la fois.

Retrouver le Bien Commun comme principe structurant, réaffirmer les souverainetés comme frontières vitales, redonner à l'État une fonction d'organisation du temps long : c'est cette cohérence que ce Livre a réinstallée.

Mais une vision, même juste, ne suffit pas. Elle doit devenir une architecture capable de durer.

C'est ce seuil que le Livre suivant franchit.

« Une République se juge à ce qu'elle construit pour durer. »

NOTE AU LECTEUR

(Fin du Livre II — seuil vers le Livre III)

Ce Livre marque un seuil.

Il ne décrit pas un monde qui tiendrait encore par inertie, ni une République qui pourrait se contenter d'ajustements successifs. Il part d'un constat plus exigeant : lorsqu'une Nation se disperse, ce ne sont pas les moyens qui manquent, mais l'architecture.

Depuis des décennies, la France agit par fragments. Chaque politique avance, chaque secteur s'organise, mais rien ne s'assemble. L'énergie, l'école, la santé, la justice, l'économie, les territoires, le numérique : tout progresse séparément, tandis que le pays, lui, ne se conduit plus.

Or une Nation ne tient ni par l'empilement des dispositifs, ni par la seule accumulation des lois. Elle tient par la continuité.

C'est ce que ce Livre nomme **les continuums** : non des réformes sectorielles, mais des chaînes de cohérence, des architectures de durée capables d'accompagner sans rupture un individu, un territoire, une génération entière.

Ce Livre est le seul de l'essai à regarder ces continuités comme un système opérant. Là où les Livres précédents établissent le diagnostic et rééduquent le regard, celui-ci entre dans la mécanique réelle : les articulations, les hiérarchies, les dépendances — l'ordre dans lequel une Nation peut exister, se protéger, produire et se transmettre.

Mais les continuums ne tiennent pas d'eux-mêmes. Les mettre au jour n'a qu'un objectif : montrer qu'ils ne peuvent devenir opérants qu'à la condition d'une transformation profonde des règles, des priorités et des modes de décision — ce que cet essai assumera comme un **big bang social et économique**.

Le Livre III n'est donc ni un catalogue de réformes, ni un exercice théorique.

Il est le point de bascule de l'essai : celui où comprendre ne suffit plus, et où la question du choix devient inévitable.

LIVRE III — LES CONTINUUMS
Ce qui tient encore… à condition de choisir

Ce Livre ne juxtapose pas des idées : il rétablit une cohérence.
Il reprend ce qui a été fragmenté, corrige ce qui a été affaibli et élève le niveau d'exigence républicaine au-delà des accommodements du présent.
Les continuités ne tiennent pas par elles-mêmes : elles supposent des choix clairs, hiérarchisés et assumés dans le temps long.
Ici, il ne s'agit ni d'aménager l'existant ni de promettre l'instant, mais de redonner une ossature à l'action publique.
Le lecteur entre dans une architecture exigeante, conçue pour durer plutôt que pour séduire.

CHAPITRE I — Le continuum énergétique

La reconquête d'un pays qui ne tremble plus

L'énergie n'est pas un secteur parmi d'autres : elle conditionne tous les autres.
Ce chapitre établit que la perte de maîtrise énergétique n'est pas une contrainte subie, mais le résultat de choix différés et de renoncements successifs. Il montre pourquoi aucune souveraineté, aucune justice sociale, aucune continuité territoriale ne peut tenir sans une énergie maîtrisée. Le continuum énergétique est la première condition d'un pays qui décide sans trembler.

— POURQUOI L'ÉNERGIE CONDITIONNE TOUT

Il existe des dépendances visibles : un territoire occupé, une frontière violée, un réseau attaqué. Et il en existe une autre, plus sourde, plus insidieuse, presque honteuse : celle d'un pays qui ne sait plus s'il pourra, demain, s'éclairer, produire, soigner, transporter, chauffer, sans demander la permission à d'autres.

La souveraineté énergétique n'est pas un dossier technique. C'est la ligne de force à partir de laquelle un pays décide s'il reste libre ou s'il accepte de vivre dans la hantise du prochain hiver, du prochain choc de prix, du prochain gazoduc fermé.

Pendant des décennies, la France avait fait un choix clair : elle ne serait jamais otage de son énergie. Elle avait bâti une filière nucléaire de rang mondial, des barrages puissants, des réseaux robustes. Elle avait fait de l'électricité l'un des rares domaines où notre pays n'avait pas à baisser la tête.

Puis, doucement, une fatigue a gagné l'État. On a laissé les centrales vieillir au lieu de les renouveler. On a hésité, repoussé, tergiversé, jusqu'à laisser les marchés extérieurs dicter le prix de notre dignité. On a découvert qu'un pays peut rester riche sur le papier, tout en devenant fragile dans ses câbles.

Le Continuum Énergétique que propose la République du Bien Commun est une réponse à cette fragilité. Ce n'est pas un plan de communication : c'est un plan de reconquête énergétique.

L'énergie n'est pas une politique parmi d'autres. Elle décide de tout ce qui tient quand le monde se tend. Lorsqu'elle vacille, la République vacille avec elle.

— REPRENDRE LA PRODUCTION STRATÉGIQUE

I. Retrouver le centre : l'énergie comme destin, pas comme variable d'ajustement

On a trop longtemps parlé de transition énergétique comme d'un exercice moral. Elle est d'abord un exercice de puissance.

Le Continuum Énergétique repose sur une idée simple : un pays qui ne maîtrise pas son énergie ne maîtrise plus son destin.

Cela implique trois décisions fondatrices :

- L'énergie cesse d'être vue comme un marché et redevient un pilier stratégique.
- La décision publique ne se contente plus de subventionner les factures : elle reconstruit les moyens.
- L'État ne joue plus au régulateur impuissant : il assume d'être stratège.

C'est le sens du retour d'EDF au cœur du jeu : entreprise nationale pleinement assumée, autorisée à tenir le pays et à préparer son avenir.

II. Le pilier nucléaire : des EPR pour rouvrir le temps long

La France n'a pas besoin d'une fuite en avant, mais d'un redressement maîtrisé.

Nous ne lancerons pas six ou quinze EPR dans un geste lyrique et imprudent. Nous en lancerons deux.

Deux EPR, c'est :

- Le signal que la France croit encore à sa propre filière.
- La garantie d'un socle électrique stable, pilotable, décarboné.
- Le temps rendu à la formation, à la recherche, à la restructuration industrielle.

Le nucléaire n'est pas une religion. C'est un outil de liberté.

II. La révolution silencieuse : un pays qui se remet à produire son énergie

Retrouver une souveraineté énergétique ne se joue pas seulement dans les centrales, mais sur les toits, les façades, les parkings, les collines, les territoires.

« Chacun, chaque lieu de puissance, doit participer à l'effort énergétique de la Nation. »

Ce principe devient obligation. Hôpitaux, bâtiments tertiaires, logements sociaux, territoires ultramarins : l'autoproduction devient un devoir de stabilité nationale.

IV. Hydroélectricité et micro-centrales : la France des rivières retrouve sa voix

Relancer les barrages. Réactiver les micro-centrales coopératives. Enraciner l'énergie dans les territoires.

Une vallée qui produit une part de sa propre énergie est une vallée qui tient, même quand le monde tangue.

V. Sortir de l'illusion gazière, miser sur l'hydrogène national

Le gaz s'est présenté comme transition. Il est devenu dépendance.

La République du Bien Commun choisit une trajectoire décroissante du gaz, et fait de l'hydrogène produit à partir de notre électricité le pivot d'une souveraineté nouvelle.

VI. Isolation et éco-construction : l'énergie que l'on ne gaspille plus

On ne peut pas parler de souveraineté énergétique en laissant fuir des millions de bâtiments. Isoler, former, normer, structurer. L'énergie la plus propre est celle que l'on ne perd plus.

Produire, isoler, stocker, former. La souveraineté énergétique n'est pas une idée. C'est une discipline collective.

VII. Former une Nation énergétique

Campus, filières, reconversions, reconnaissance des métiers. La souveraineté énergétique est aussi une souveraineté des savoirs et des gestes.

VIII. Réindustrialiser les matériaux critiques

Cuivre, terres rares, batteries, transformateurs, électrolyseurs. La puissance énergétique repose sur des chaînes de valeur maîtrisées.

IX. Décarboner l'industrie : la macro-économie du réel

Décarboner n'est pas punir. C'est repositionner la France au cœur du siècle industriel.

X. EDF : bras armé de la souveraineté

EDF redevient une entreprise intégrée, nationale, capable d'investir. On ne sécurise pas un pays avec une entreprise forcée de vendre à perte.

XI. Une énergie juste : personne ne doit choisir entre se chauffer et vivre

La souveraineté énergétique se juge à la vie quotidienne. Stabilité des prix, protection des plus fragiles, lisibilité des factures : ce sont des conditions de paix intérieure.

Conclusion du chapitre I

L'énergie comme premier acte d'un pays qui se réaccorde

Le Continuum Énergétique n'est pas un chapitre technique. C'est le premier acte d'une refondation.

En décidant de ne plus trembler, la France choisit de reprendre la maîtrise de ce qui conditionne tout.

« Un pays qui pas le contrôle de son énergie n'a pas le contrôle de son avenir. »

— Henry Kissinger

CHAPITRE II — Le continuum défense nationale & stratégique

La paix comme œuvre collective. La souveraineté comme horizon. La Nation comme force vivante.

La défense nationale n'est plus une affaire de seuls soldats, ni de seuls budgets.
Ce chapitre montre que, dans un monde instable, la paix devient une œuvre collective, exigeant une continuité entre armée, industrie, citoyens et territoires. La souveraineté n'y est pas une posture, mais une organisation vivante, capable de protéger sans dominer. La défense n'est plus pensée comme une menace, mais comme une condition de durée.

Introduction

Quand un pays découvre qu'il ne tient plus debout tout seul

Il existe dans la vie d'une Nation des éveils brutaux. Des moments où le voile se déchire, où l'on mesure soudain que ce qui semblait permanent était en réalité fragile.

Pendant des décennies, la France a vécu sur une illusion : celle d'un monde stable, prévisible, ordonné, où la guerre ne reviendrait jamais, où la technologie serait toujours pacifique, où la mer serait un corridor commercial, où l'espace serait un ciel innocent, où les crises seraient gérables par des communiqués de presse.

Puis les menaces hybrides ont frappé : cyberattaques, ruptures logistiques, pandémies, incendies géants, drones anonymes, satellites brouillés, trafics internationaux, influence algorithmique, dépendance industrielle, fragilité énergétique.

La France n'était pas vaincue. Elle était désarmée moralement, désarmée stratégiquement, et parfois désarmée industriellement.

Ce chapitre n'est pas un manifeste militariste. C'est la réponse d'un pays qui veut rester en paix, et qui comprend enfin que la paix n'est jamais donnée : elle se construit, elle s'entretient, elle se défend.

La souveraineté militaire n'est pas la glorification de la force. C'est la maîtrise de son destin.

I. Les Outre-mer

Le cercle de feu qui tient la France debout

La France ne finit pas à la Manche. Elle commence en Guyane, à La Réunion, en Polynésie, en Nouvelle-Calédonie, en Guadeloupe, à Mayotte, dans les TAAF.

Ces territoires sont notre bouclier océanique, notre réseau d'îlots stratégiques, notre regard sur l'Atlantique, l'Indien et le Pacifique, notre accès aux richesses maritimes, notre puissance climatique, notre présence mondiale.

Pendant trop longtemps, ils furent considérés comme des marges. Alors qu'ils sont, en réalité, la cartographie vivante de notre puissance.

Protéger les Outre-mer, ce n'est pas protéger quelques îles lointaines. C'est protéger la France. C'est protéger nos ZEE, nos ressources critiques, nos routes maritimes, nos bases, notre verticalité stratégique.

II. La France océane

Le retour à la mer, matrice des puissances modernes

L'océan est devenu un continent mouvant. On y transporte l'énergie, la richesse, les données, les câbles, les guerres.

Celui qui tient la mer tient son avenir.

La France a laissé vieillir ses flottes, s'éteindre ses chantiers, partir ses ingénieurs. Elle a regardé le monde depuis la rive.

Il est temps de redevenir une Nation maritime.

Cela implique de relancer une production navale souveraine : frégates neuves, sous-marins discrets et atomiques, drones océaniques, flotte logistique, chantiers navals revivifiés, surveillance des routes stratégiques, capacités amphibies, défense des câbles sous-marins, nouvelles bases navales.

Une mer tenue, c'est un pays debout. Une mer abandonnée, c'est un pays vulnérable.

III. L'espace

La hauteur sacrée où se dessine le destin des nations

Le ciel n'est plus un ciel. C'est un champ de bataille silencieux. Là se jouent nos communications, nos observations, nos navigations, nos décisions, notre paix durable.

Pendant que d'autres peuplaient l'orbite, nous avons attendu. Pendant que d'autres lançaient, nous avons acheté. Pendant que d'autres cartographiaient, nous avons contemplé.

Reprendre l'espace, c'est reprendre le futur.

Cela implique : constellations souveraines, satellites durcis, radars orbitaux, défense anti-brouillage, lanceur national autonome, capacité de réparation en orbite, doctrine de défense spatiale.

Un pays sans espace est un pays sans ciel. Un pays sans ciel est un pays sans avenir.

La défense n'est plus un front. Elle est devenue un volume : mers, ciel, réseaux, industries, territoires. Ce qui n'est pas tenu ensemble finit toujours par céder.

IV. Produire pour protéger

La souveraineté militaire exige la souveraineté industrielle

Rien n'est plus humiliant qu'une armée qui attend des livraisons étrangères. Rien n'est plus dangereux qu'un pays qui dépend du bon vouloir d'autres puissances pour se défendre.

Nous avons abandonné nos forges, nos chaînes d'assemblage, nos métallurgistes, nos ouvriers du moteur, nos usines d'obus, nos compétences critiques.

La souveraineté militaire est impossible sans souveraineté industrielle.

Cette reconquête engage des choix clairs :

- Relance massive des filières du métal, du moteur, du composite, du drone, du microcomposant.
- Sécurisation des matières rares.
- Retour de la production critique sur le sol français, création d'un continuum industrie–défense piloté par le Fonds Souverain.
- Constitution d'un complexe industriel de résilience capable d'entrer en économie de guerre en trente jours.

Une armée sans industrie est une armée à genoux. Une industrie souveraine est une armée qui se tient.

V. La France en économie de guerre

Quand la paix exige la préparation

L'économie de guerre est mal comprise. Elle ne signifie pas préparer la guerre, mais être capable de protéger la paix.

Dans un monde instable, une Nation doit pouvoir : augmenter sa production d'équipements en quelques semaines, sécuriser ses approvisionnements vitaux, mobiliser ses ingénieurs, activer ses plans logistiques territoriaux, protéger ses infrastructures critiques, réorienter ses chaînes de valeur, garantir sa continuité énergétique, médicale et alimentaire.

La France doit redevenir un pays mobilisable. Non pour combattre. Mais pour durer.

VI. La nouvelle armée

La force qui protège sans dominer

Nous ne voulons pas d'une armée impériale. Nous voulons une armée de paix active.

Terrestre, maritime, aérienne, cyber, spatiale, territoriale. Souveraine, interopérable, civile quand il le faut, militaire quand il le faut, protectrice toujours.

La Défense devient un système nerveux national.

VII. La grande formation civique & stratégique

Former 3 à 4 millions de citoyens en dix ans

Une Nation ne tient pas par la seule force de ses soldats. Elle tient par la compétence de ses citoyens.

Nous formerons 3 à 4 millions de Français, en dix ans, dans les secteurs vitaux de la protection nationale : énergie, eau, secours, santé, industrie, agriculture stratégique, prévention incendie, protection civile, cybersécurité, surveillance maritime, gestion de crise, logistique territoriale, environnement et climat, sécurité du quotidien.

C'est la plus grande mobilisation civile depuis 1945.

Ces citoyens constitueront les **Compétences Stratégiques Citoyennes** : une réserve formée, qualifiée, mobilisable, reconnue.

Le Compteur d'Heures Universel devient la clé de voûte. Chaque heure d'engagement est créditée. Chaque formation construit des droits sociaux. Chaque mission renforce le parcours personnel.

Une Nation qui forme son peuple se protège sans brutalité. La compétence est la première ligne de défense d'une démocratie adulte.

VIII. Protéger le territoire

La défense n'est pas seulement un uniforme

Défendre la Nation, c'est maintenir une digue, protéger une forêt, surveiller une vallée, anticiper un effondrement, prévenir une inondation, renforcer une berge, stabiliser une montagne, sécuriser une maternité, défendre un hôpital, protéger un câble, renforcer un réseau électrique, accompagner une population.

La Défense nationale n'est plus séparée du pays réel. Elle devient sa respiration.

Conclusion du chapitre II — Le retour du pays qui se tient droit

Un pays qui tient ses mers tient sa paix. Un pays qui tient son espace tient son siècle. Un pays qui tient son industrie tient son armée. Un pays qui forme son peuple tient son avenir. Un pays qui protège ses territoires tient son âme.

La France ne veut pas dominer. Elle veut durer. La paix n'est pas un état. C'est une architecture.

Une architecture qui redonne au pays ce qui lui avait manqué : la capacité de dire oui à l'avenir.

« Un peuple qui n'entretient pas sa propre armée nourrit celle de l'ennemi. »

— Napoléon Bonaparte

CHAPITRE III— Le continuum numérique & cognitif

Conserver le contrôle des infrastructures mentales de la Nation

---

Le numérique n'est plus un outil neutre ni un simple progrès technique. Ce chapitre affirme que la souveraineté d'une Nation se joue désormais dans la maîtrise de ses données, de ses récits et de sa capacité de jugement collectif.
Il établit que la liberté démocratique suppose un contrôle lucide des infrastructures numériques et cognitives.
La souveraineté numérique n'y est pas un repli, mais la condition d'une pensée libre et durable.

Introduction

Le nouveau territoire de la guerre et de la paix : l'esprit humain

Il fut un temps où un pays se défendait par ses frontières. Puis vint l'ère où il fallut défendre ses mers, ses airs, son espace, ses câbles sous-marins, ses infrastructures.

Mais voici le siècle où un territoire nouveau, plus vaste que les océans et plus fragile que nos institutions, est devenu le champ de bataille décisif, l'esprit humain.

Car la première puissance d'un pays aujourd'hui n'est plus seulement son armée, son énergie ou ses industries. La première puissance d'un pays, c'est sa capacité à organiser la vérité, à protéger l'intégrité de son jugement, à maîtriser les réseaux où circulent ses savoirs, à structurer l'espace où se forme sa conscience collective.

Les démocraties n'ont pas été vaincues par des chars. Elles ont été infiltrées par des flux invisibles :
influences étrangères, ingénieries des émotions, manipulation algorithmique, dépendance aux plateformes, enfermement cognitif, diffusion de la peur, fragilisation interne.

Le numérique n'est plus un outil. C'est un climat.

Le numérique n'est plus un secteur. C'est un monde.

Le numérique n'est plus un progrès. C'est une souveraineté.

Et cette souveraineté-là, la France l'a trop souvent déléguée.

Ce chapitre est une réponse. La reconstruction de notre puissance numérique et cognitive.

I. Reprendre le contrôle de nos données : La bataille du réel.

Une Nation qui ne contrôle pas ses données ne contrôle plus rien, ni ses hôpitaux, ni ses réseaux,
ni ses finances, ni ses écoles, ni sa justice, ni ses infrastructures, ni son intelligence collective.

Aujourd'hui, nos serveurs critiques sont hébergés hors de notre droit. Nos décisions reposent sur des plateformes extra-européennes. Nos diagnostics médicaux transitent sous des lois étrangères.
Nos communications passent par des architectures que nous ne possédons pas.

Ce n'est pas une situation technique. C'est une défaite politique.

Le Continuum Numérique commence par un acte souverain, reprendre la maîtrise totale de nos données nationales.

Cela implique des choix clairs :

- Un Cloud national souverain, opéré sous droit français.
- Une architecture sécurisée pour la justice, la santé, l'énergie, les collectivités et les armées.
- Une interdiction progressive d'héberger les données vitales sur des serveurs soumis au Cloud Act.
- Un système cryptographique national.
- Une doctrine de protection continue, vingt-quatre heures sur vingt-quatre.

Celui qui tient les données tient la décision. Celui qui tient la décision tient le pays.

II. Maîtriser les algorithmes

Le combat invisible pour l'attention et le jugement

Nous avons laissé la structuration de nos esprits devenir l'affaire des entreprises.
Elles décident ce que nous voyons, ce que nous aimons, ce que nous pensons, ce que nous craignons,
ce que nous croyons.

Ce pouvoir est immense.
Il façonne la vision du monde, modifie le débat public, polarise les sociétés, fragilise la confiance démocratique.

La République du Bien Commun impose une règle nouvelle, la souveraineté cognitive.

Elle implique : la transparence obligatoire des algorithmes utilisés dans l'espace public, l'interdiction des mécanismes de manipulation comportementale, la régulation des systèmes de recommandation,
la création d'autorités cognitives indépendantes, la certification des intelligences artificielles utilisées pour l'éducation, la justice, la santé, la police et l'administration.

Un pays qui ne contrôle pas les algorithmes qui informent ses citoyens, ne contrôle plus sa démocratie.

Ce qui façonne l'attention façonne la société. Ce qui n'est pas gouverné finit toujours par gouverner.

III. Créer une intelligence artificielle française Non pas une copie, mais un modèle

Les grandes puissances construisent déjà leur intelligence artificielle comme on construisait jadis leurs flottes.

Elles lui donnent leur langue, leur morale, leur vision du monde, leurs intérêts, leur manière de décider.

La France ne peut pas se contenter d'être utilisatrice. Elle doit devenir conceptrice.

Nous construirons une intelligence artificielle nationale, ouverte aux chercheurs, sécurisée, souveraine, intégrée au Cloud national, moralement encadrée, orientée vers le Bien Commun.

Une IA qui ne substitue pas l'homme, qui n'achète pas le libre arbitre, qui ne manipule pas l'attention, qui ne dissout pas la démocratie, mais qui augmente l'intelligence collective.

IV. Protéger l'Infosphère

La guerre de demain se mène dans les récits

La puissance n'est plus seulement militaire ou économique. Elle est narrative.

Les ingérences étrangères ne passent plus par des chars. Elles passent par des vidéos courtes, des rumeurs massives, des campagnes de doute, des IA adverses, des opérations psychologiques coordonnées.

La France se dotera d'un Commandement de l'Infosphère, chargé de détecter les attaques informationnelles, neutraliser les ingérences, protéger les élections, repérer les manipulations massives, analyser les flux cognitifs, sécuriser les médias, former les citoyens.

Une démocratie ne se défend pas seulement par la force. Elle se défend par la clarté.

V. Construire les infrastructures du siècle

Le socle matériel de la souveraineté numérique

La souveraineté numérique exige un ancrage matériel : fibres renforcées, réseaux résilients, centres de données sous droit national, satellites souverains, cybersécurité offensive et défensive, normes de souveraineté, budget pérenne.

Le Fonds Souverain financera : la filière française des microprocesseurs, la filière cryptographique, les serveurs souverains, l'IA et la robotique cognitive, la cybersécurité.

La France ne sera plus consommatrice du monde numérique. Elle redeviendra architecte.

VI. La grande formation cognitive

Armer les esprits, sans jamais les contraindre Dans un monde saturé de récits, le citoyen doit devenir un acteur lucide.

Nous créerons, des écoles de littératie numérique, des modules de souveraineté cognitive dans l'éducation, une formation nationale à l'analyse critique, une certification des compétences de vigilance cognitive, un continuum éducatif du numérique souverain.

Le Compteur d'Heures Universel reconnaîtra :

- Les heures d'engagement numérique.
- Les missions de cybersécurité citoyenne.
- Les actions de médiation numérique.
- Les formations de protection cognitive.

La souveraineté cognitive n'est pas un contrôle. C'est une liberté renforcée.

Une démocratie qui n'éduque pas l'esprit confie son avenir à ceux qui savent le manipuler.

VII. Le numérique au service de la Nation

Une technologie ordonnée par l'Économe

L'Économe n'est pas technophobe. Il est gardien de la mesure. Pour lui, le numérique n'est pas un spectacle. C'est un outil. Une infrastructure. Un Bien Commun.

Il impose trois principes simples :

- Ce qui est essentiel doit être souverain.
- Ce qui est privé doit être protégé.
- Ce qui est public doit être transparent.

Le numérique cesse d'être un marché dérégulé. Il devient un pilier civilisationnel.

Conclusion du chapitre III

Le territoire invisible où se joue la liberté

Ce chapitre n'est pas celui des machines. C'est celui de l'esprit.

La souveraineté numérique et cognitive, c'est la capacité d'un pays à décider par lui-même, à penser par lui-même, à rêver par lui-même, et à rester maître de sa lumière intérieure.

Un pays qui perd son énergie tremble. Un pays qui perd sa défense recule. Un pays qui perd ses données se dissout. Un pays qui perd sa pensée disparaît.

La République du Bien Commun reconstruit les quatre, dans un ordre précis, dans une vision longue, dans un projet de civilisation.

Le Continuum énergie éclaire. Le Continuum défense protège. Le Continuum numérique pense.

Et une Nation qui pense encore est une Nation qui peut encore tout reconstruire.

« Le pouvoir commence là où se forme la pensée. »

CHAPITRE IV— Le continuum éducatif & familial

Ce que la Nation transmet lorsqu'elle croit encore en elle

Ce chapitre tient une thèse simple : une Nation ne dure que par ce qu'elle transmet.
Il réunit ce que l'époque a séparé — famille, école, rythmes, orientation, enseignement supérieur, territoires — pour en faire une même mission républicaine. Ici, l'éducation n'est ni un secteur ni un budget : elle devient une architecture de continuité, de dignité et de confiance. Un pays souverain sans transmission n'est qu'une forteresse vide.

Introduction

Il existe un endroit où une Nation se joue, un lieu minuscule et immense à la fois : la relation entre la famille et l'école.

Là, dans ce passage fragile où un enfant quitte les bras qui l'ont accueilli pour entrer dans le monde qui le formera, la République prend corps. Elle y montre ce qu'elle attend de lui, mais aussi ce qu'elle s'engage à lui offrir.

Pendant des années, la France a parlé d'école comme on parle d'un chantier technique : programmes, normes, cartes scolaires, réformes successives. Elle a parlé des familles comme de partenaires imparfaits, parfois comme d'obstacles, rarement comme de fondations. Elle a parlé des élèves comme de “publics” ou de “niveaux”, mais trop peu comme de futurs citoyens, de futurs créateurs, de futurs porteurs de civilisation.

Le Continuum Éducatif et Familial vient renverser cette approche. Il ne sépare plus ce que la vie unit. Il considère la famille et l’école comme deux visages d’une même mission : transmettre, révéler, élever.

La République ne commence pas dans les discours. Elle commence dans ce qu’un enfant reçoit, comprend, et emporte avec lui.

I. La famille

Première souveraineté éducative, matrice démographique

Le Continuum commence là où tout commence : dans la famille, première école de la parole et du geste, de la limite et de la tendresse, du conflit et de la réparation.

Il reconnaît que la famille n’est jamais parfaite, mais qu’elle est toujours première. Première à aimer, première à encourager, première à s’inquiéter, première à renoncer parfois, lorsque la fatigue écrase ou que les conditions sociales étouffent.

Une République lucide ne juge pas ses familles : elle les soutient. Elle renforce les solitudes, accompagne les fragilités, protège les familles monoparentales qui cumulent tous les risques, et simplifie les aides pour que personne ne se perde dans des files d’attente ou des formulaires incompréhensibles.

Le Continuum Familial, c’est aussi la porte d’entrée d’une démographie à reconstruire.

Qui peut sérieusement envisager de construire une famille sans avoir la moindre idée de ce qu'il pourra transmettre. Se loger, nourrir, soigner, instruire, accompagner jusqu'au métier — ce n'est pas un luxe : c'est la base de la confiance.

Une société qui fait peser sur les parents l'angoisse de l'avenir de leurs enfants finit par voir sa natalité s'effondrer.

Le Continuum Familial, c'est la certitude qu'un enfant ne sera pas laissé sans avenir, sans métier, sans toit, sans horizon. C'est l'héritage de 1945 réactualisé : la reconstruction d'une politique de l'enfant, d'une politique des familles, d'une politique d'accompagnement du travail grâce au Compteur d'Heures Universel.

Le CHU reconnaît les heures d'éducation, de soin, d'aide familiale, d'engagement. Il permet d'articuler rôles parentaux et activité, de donner des droits sans culpabiliser, de sécuriser des temps partiels, des congés d'accompagnement, des engagements associatifs liés à l'éducation.

L'enfant cesse d'être une variable économique. Il redevient un projet de civilisation.

II. L'école

Non plus un tri, mais une révélation

Puis vient l'école. Non comme une rupture, mais comme une continuité.

L'école n'a pas été conçue pour évaluer : elle a été conçue pour émanciper. Elle ne devrait pas trier, mais révéler. Elle ne devrait pas mesurer ce qui manque, mais nourrir ce qui existe.

Pourtant, elle s'est peu à peu rigidifiée, enfermée dans une mécanique de contrôles, de certifications, d'examens qui rassurent l'institution plus qu'ils ne servent l'enfant.

Le Continuum redonne à l'école son souffle initial : instruire pour libérer, instruire pour émanciper, instruire pour donner des ailes.

Et pour cela, elle doit accepter la diversité des chemins.

Ce n'est plus à l'enfant de se plier à la forme unique d'un système. C'est au système de reconnaître la pluralité des intelligences : la logique, la créative, la technique, la sensible, la manuelle, la visionnaire.

Dans cette République-là, un enfant qui sculpte, qui programme, qui soigne, qui calcule, qui répare, qui observe, qui imagine, qui assemble ou qui chante… est un enfant dont la valeur ne peut plus être comparée à un score ou à un classement.

C'est dans cette optique que la laïcité retrouve son sens. Non comme un dogme figé, mais comme un espace de liberté intérieure.

La laïcité protège l'enfant des influences et des pressions ; elle protège la famille des intrusions ; elle protège l'école des passions. Elle crée un terrain clair, où chacun peut penser par lui-même. Elle est la respiration même de l'éducation.

Dans ce continuum fluide et cohérent, l'inclusion n'est plus une politique : c'est une évidence.

L'enfant autiste, hyperactif, anxieux, porteur d'un handicap physique ou sensoriel n'est plus assigné à un dispositif : il est pleinement accueilli dans la communauté éducative. L'école n'attend plus qu'il devienne "comme les autres" pour apprendre : elle se transforme pour que chacun apprenne selon sa forme, son rythme, son rapport au monde.

La République renoue avec une vérité simple : ce qui est différent n'est pas un défaut — c'est un talent en attente de sens.

On ne sauve pas l'école en la réformant sans fin. On la sauve en retrouvant ce qu'elle est : une promesse d'émancipation.

III. Les rythmes

Le temps comme instrument d'égalité

Une éducation digne de ce nom ne se résume pas à ce qui se passe dans les salles de classe : elle se joue aussi dans le temps.

Nous avons épuisé les enfants par des journées longues, morcelées, où l'effort se perd dans le bruit, où les devoirs se font dans la solitude ou l'injustice des conditions familiales.

Le Continuum Éducatif assume une décision nette : réaccorder les rythmes au service de l'enfant.

Les grandes vacances sont réduites à six semaines, mais l'été devient un temps éducatif, sportif et culturel, non une parenthèse vide. Les écoles, collèges et lycées restent ouverts pour des ateliers de rattrapage, de langue, de culture, de métiers d'art, de sport, d'engagement citoyen ; les enseignants qui le souhaitent y participent et leurs heures sont reconnues dans le CHU.

Chaque journée de classe intègre une heure d'étude encadrée, pour que les devoirs ne soient plus un marqueur d'inégalité sociale.

Les congés ne disparaissent pas : ils se répartissent autrement. On ne supprime pas le repos ; on supprime l'abandon.

Entre l'enfant livré à lui-même et l'enfant épuisé, le Continuum choisit l'enfant accompagné.

IV. Là où l'enfance devient destin : le collège et le lycée.

Lorsque l'enfant franchit la porte du collège, il ne quitte pas seulement l'enfance : il entre dans ce moment fragile où l'on cherche sa place sans savoir encore qui l'on est.

Trop souvent, le collège est devenu le cœur des difficultés françaises : anxiété, perte de sens, indiscipline, décrochage, violence, fatigue des équipes, incompréhension des familles. Un nœud de tensions où se superposent les fragilités sociales, éducatives, psychologiques et culturelles.

Pourtant, ce moment devrait être celui où l'on apprend à devenir soi.

Dans le Continuum, le collège cesse d'être un sas anxiogène et redevient un lieu d'exploration. Ce n'est plus l'antichambre du lycée : c'est un laboratoire d'identités, un espace où l'on découvre ses forces, ses affinités, ses curiosités profondes.

La réussite cesse d'être la performance : elle devient la compréhension de soi.

Le collège n'est plus obsédé par la moyenne générale ; il cherche ce qui fait vibrer l'élève, ce qui le met en mouvement, ce qui le fait persévérer.

On n'y trie plus ; on y oriente sans enfermer. On n'y sanctionne plus par défaut ; on y répare, on y accompagne, on y réveille l'estime de soi.

L'enseignant cesse d'être un distributeur de connaissances : il devient un repéreur de talents, un cartographe des potentiels.

Les savoirs fondamentaux y sont cultivés avec exigence, mais la découverte, la pratique, l'essai, l'erreur et la création y occupent enfin leur place légitime.

Vient ensuite le lycée, trop longtemps prisonnier de sa double mission : préparer à tout, et ne préparer à rien.

Le Continuum rend au lycée une clarté qui lui manquait. Il devient le lieu où l'on choisit, où l'on s'engage, où l'on assume. Un lieu où l'on prépare son avenir non par contrainte, mais par rencontre.

Le lycée général élève les esprits ; le lycée technologique les structure ; le lycée professionnel leur donne une maîtrise. Aucun n'est supérieur à l'autre : chacun ouvre une voie. Chacun prépare un destin.

Dans cette République réaccordée, la main n'est plus l'opposé de la tête.

La France cesse de considérer ses filières techniques comme des voies de relégation. Elles deviennent ce qu'elles auraient toujours dû être : le cœur battant du pays.

Mécanique, menuiserie, couture, métiers de bouche, informatique, robotique, métallurgie, cuisine, énergie, marine, maintenance, automatisation.

Les ateliers redeviennent des sanctuaires d'excellence. Les lycées professionnels deviennent des lieux où l'on forme des maîtres, pas des élèves "à rattraper".

Dans ce continuum vivant, les métiers d'art ne sont plus des curiosités menacées, mais des joyaux stratégiques. Ils incarnent l'alliance française de la main et de l'esprit, du geste parfait et de la pensée précise.

Luthiers, tailleurs de pierre, verriers, selliers, ébénistes, céramistes, ferronniers, orfèvres, modélistes, marqueteurs deviennent les gardiens d'un patrimoine vivant.

Ils enseignent dans des écoles repensées, connectées aux universités, aux designers, aux ingénieurs, aux chercheurs. La France n'oppose plus l'art et l'industrie : elle les marie.

C'est dans cette logique que les internats d'excellence prennent une fonction nouvelle.

Ils ne sont plus des refuges pour élèves "méritants" mais des phares républicains. Ils accueillent ceux qui veulent s'élever, ceux qui manquent de cadre, ceux qui vivent loin, ceux qui cherchent à se concentrer, ceux qui veulent tenter leur chance loin du tumulte.

Un internat n'est plus un isolement : c'est un tremplin, un espace où l'on apprend à vivre, à travailler, à se dépasser.

V. Les examens et l'orientation : finir avec la liturgie du tri.

Le Continuum Éducatif met fin à la religion des examens : nous ne construisons plus l'avenir d'un pays à partir d'un jour J.

Le brevet est supprimé, sans nostalgie.

Le baccalauréat cesse d'être une cérémonie administrative sans impact réel ; il devient un temps de synthèse, fondé sur le contrôle continu, des épreuves orales exigeantes, des travaux longs, des projets menés en équipe.

Ce qui compte désormais n'est pas ce qu'un élève restitue dans un instant de stress, mais ce qu'il est devenu sur la durée.

Surtout, le système renonce à l'angoisse organisée : Parcoursup disparaît.

Non par rejet technologique, mais par lucidité politique. On ne peut pas construire un projet national sur une machine à incertitude.

L'admission dans le supérieur repose désormais sur deux choses simples : les acquis réels et la motivation démontrée.

Les dossiers sont étudiés, les parcours sont lus, les élèves sont reçus en entretien.

On ne confie plus un destin à un algorithme ; on le confie à une communauté éducative qui prend sa responsabilité.

Entre la sélection aveugle et l'absence de critère, le Continuum choisit la sélection juste.

On ne réforme pas une jeunesse à coups de classements. On la révèle par la continuité et la justice.

VI. L'Enseignement Supérieur et la Recherche : Là où la France fabrique son avenir.

L'enseignement supérieur n'est pas une simple étape scolaire : c'est le lieu où un pays décide ce qu'il veut devenir.

C'est là que s'écrit son destin scientifique, économique, culturel, technologique, artistique. Là que se façonnent les ingénieurs qui répareront le monde, les chercheurs qui l'exploreront, les juristes qui le sécuriseront, les artistes qui le raconteront, les médecins qui le soulageront, les artisans qui l'embelliront, les enseignants qui transmettront ce qu'il a de meilleur.

Pendant trop longtemps, l'université française a oscillé entre deux maux : la massification sans accompagnement et l'élitisme sans ouverture.

Elle a accueilli des cohortes d'étudiants sans toujours leur offrir les moyens de réussir. Elle a valorisé des filières d'excellence tout en laissant dépérir d'immenses champs du savoir. Elle a produit des élites remarquables et, en même temps, des vagues silencieuses de décrochages invisibles.

Ce basculement doit prendre fin.

Le Continuum refonde l'enseignement supérieur, non pas comme un ensemble de bâtiments et de cursus, mais comme une institution vivante, respirant au rythme de la Nation, alignée sur ses besoins, ses ambitions et ses fragilités.

L'Université devient un lieu de parcours, pas de perdition.

Elle accueille chaque étudiant avec une responsabilité claire : ne jamais laisser quelqu'un se perdre dans ses couloirs Elle accompagne, oriente, suit, ajuste.

Elle cesse d'être un labyrinthe où l'on erre, où l'on se cache, où l'on s'efface.

Grâce au Cloud National, ses données sont enfin cohérentes, ses équipes mieux informées, ses étudiants mieux suivis. Chaque parcours devient lisible. Chaque bascule est possible. Chaque réorientation devient naturelle.

L'amphithéâtre immense continue d'exister, mais il cesse d'être un anonymat obligatoire Les petits groupes se multiplient. Les travaux pratiques redeviennent centraux. Le tutorat n'est plus une option mais un droit.

L'université n'est plus une machine à sélectionner par l'usure : elle redevient un lieu de maturité intellectuelle.

Les filières stratégiques sont sanctuarisées.

La France ne peut pas prétendre à la souveraineté sans protéger ses disciplines vitales : mathématiques, biologie, énergie, informatique, IA, robotique, physique, médecine, climatologie, ingénierie, défense, droit public, diplomatie, intelligence économique, éthique numérique.

Ces filières deviennent des priorités nationales. Elles sont financées, modernisées, accompagnées. On y recrute de nouveau. On y investit. On y bâtit les bases du siècle.

Ce geste n'est pas une simple priorité académique : c'est un acte de civilisation. Un pays qui néglige sa science abdique sa liberté.

Les IUT et les filières courtes prennent leur rang.

Le monde du XXIe siècle n'a plus besoin de diplômes théoriques massifs sans application ; il a besoin d'experts opérationnels, de techniciens d'excellence, d'ingénieurs de terrain, de professionnels capables de comprendre le numérique, la robotique, la maintenance avancée, le pilotage énergétique, la cybersécurité, la transition écologique réelle.

Les IUT deviennent des hubs d'innovation technique. Les filières professionnalisantes cessent d'être des voies rapides "pour ceux qui ne peuvent pas faire autrement". Elles deviennent la colonne vertébrale du pays réel.

Les grandes écoles s'ouvrent et se réforment.

Elles cessent de vivre en citadelles. Elles partagent leurs ressources, leurs enseignants, leurs laboratoires.

Elles accueillent des étudiants issus des internats d'excellence, des lycées professionnels, des parcours atypiques, des talents repérés par le Continuum.

Les concours s'adaptent pour reconnaître la diversité des intelligences : pas seulement l'abstraction mathématique, mais aussi le geste, la créativité, l'engagement social, l'ingéniosité, la capacité à résoudre des problèmes concrets.

Elles ne s'affaiblissent pas en s'ouvrant : elles se grandissent.

Les concours et examens changent de nature.

Le Continuum met fin aux rites inertes. Le baccalauréat ne disparaît pas symboliquement : il cesse simplement d'être le passage obligé qui dit tout et ne signifie plus rien.

La sélection se déplace là où elle a du sens : à l'entrée des filières. Et cette sélection ne se fait plus par algorithme. Elle se fait par dossier réel et entretien humain.

On ne mesure plus la conformité à un modèle : on évalue un potentiel, une motivation, un projet.

Le système cesse d'hypnotiser les familles, d'angoisser les jeunes, de briser des vocations par une mécanique de tri aveugle.

La recherche retrouve son souffle.

Un pays qui ne découvre plus, qui ne questionne plus, qui ne doute plus, qui ne cherche plus, s'endort sur son passé.

La France a trop longtemps épuisé ses chercheurs sous des couches de réunions, de formulaires, de dossiers, d'appels à projets méandriques.

Le Continuum fait tomber ces poids inutiles. Les chercheurs retournent au laboratoire. Les doctorants sont mieux encadrés, mieux rémunérés, mieux protégés.

L'État ne finance plus le saupoudrage : il finance l'ambition. Les laboratoires stratégiques deviennent des phares.

Les chercheurs français cessent de fuir. Les industries innovantes reviennent s'adosser à la recherche publique. Le pays renoue avec ce qu'il a toujours eu de plus précieux : le génie de comprendre, d'explorer, d'inventer.

L'enseignement supérieur s'ouvre au monde, mais sans naïveté.

La France doit continuer à accueillir les talents internationaux, mais elle ne doit plus le faire au détriment de ses propres étudiants ni au prix de dérives.

Les capacités d'accueil sont réorganisées. Les étudiants étrangers sont choisis selon des critères clairs : compétence, projet, compatibilité, contribution possible. Les filières saturées sont régulées. Les filières en tension sont renforcées.

La France devient un pays attractif, mais exigeant.

L'apprentissage du supérieur devient une voie royale.

Le Continuum met fin à la séparation artificielle entre apprentissage et études supérieures.

Le supérieur devient un espace poreux où l'on peut alterner entreprise et campus, théorie et pratique, geste et concept.

L'apprentissage n'est plus une "chance pour certains" : il devient un pilier national, notamment dans les secteurs stratégiques (robotique, énergie, IA, bâtiment, transition industrielle).

La vie étudiante est repensée comme un temps de construction. Les campus deviennent des lieux de vie, de culture, de santé, de sport, de citoyenneté. Les cités universitaires sont rénovées, les loyers régulés, les bourses élargies grâce au nouveau modèle social.

Les étudiants ne survivent plus : ils étudient dans des conditions décentes.

La précarité étudiante n'est plus un sujet ; elle devient un objectif national de disparition.

Conclusion : L'Université comme matrice du pays.

L'enseignement supérieur, réaccordé, redevient ce qu'il n'aurait jamais dû cesser d'être : le lieu où une nation se réinvente.

On y entre pour apprendre. On en sort pour construire.

Ce Continuum supprime les illusions, les labyrinthes, les murs invisibles. Il forme des ingénieurs qui comprennent, des chercheurs qui explorent, des artisans qui créent, des médecins qui innovent, des juristes qui protègent, des citoyens qui pensent.

Il fait émerger une génération qui ne demande pas au pays de la porter, mais qui porte le pays avec elle.

Ce n'est pas une réforme de l'université. C'est la renaissance d'une civilisation du savoir.

Une société tient par ce qu'elle élève. Et ce qu'elle élève décide de tout le reste.

VII. Territoires, numérique, privé, entreprise : la République qui entoure l'école.

Le Continuum Éducatif ne vit pas dans un ministère : il habite les territoires.

Les écoles rurales deviennent des maisons de savoir à double usage : en présentiel pour les enfants, en numérique pour les adultes, via le Cloud National.

On y suit des cours à distance, des formations professionnelles, des ateliers de recherche, des visios avec les universités. Une école ouverte empêche un village de mourir.

La gouvernance est clarifiée : le département devient l'architecte éducatif de proximité.

Il gère le bâti, la restauration, le transport scolaire, la sécurité des abords, la logistique, les services annexes, pour les écoles, les collèges, les lycées.

L'État reste gardien des programmes, de la laïcité, des statuts, des concours, des grandes orientations pédagogiques.

On ne multiplie plus les couches ; on assigne clairement les responsabilités.

L'enseignement privé, lui, n'est plus un angle mort.

Il conserve sa liberté pédagogique, mais entre dans la République du Bien Commun.

Avec des objectifs de mixité, de participation à l'inclusion, à l'intégration dans le Continuum, d'articulation avec le CHU pour la valorisation des engagements éducatifs.

La liberté n'est plus un prétexte pour se soustraire au destin commun.

Les entreprises enfin deviennent des actrices centrales.

Chaque bassin de vie organise un réseau de mentorat : des professionnels viennent dans les classes, accueillent des élèves, co-construisent des projets.

Les stages ne sont plus des pis-aller ; ils sont intégrés à des parcours cohérents.

Le travail n'est plus derrière une porte obscure ; il devient un horizon accessible, compréhensible, respecté.

VIII. Sport, culture, santé : les autres langues de l'éducation.

On a trop longtemps conçu l'école comme un lieu de tête. Le Continuum la réconcilie avec le corps, la sensibilité, la santé.

Le sport n'est plus une variable d'ajustement : il devient quotidien au collège et au lycée. Deux heures de mouvement, de jeu, d'effort, de discipline, de coopération.

Le corps cesse d'être un problème ; il redevient une ressource.

La culture n'est plus un supplément de sortie scolaire : elle devient un langage à part entière.

Des artistes en résidence, des écrivains, des chorales, des ateliers de théâtre, de cinéma, d'écriture, de métiers d'art reliés aux institutions culturelles du territoire.

On ne parle plus seulement de culture : on la pratique.

La santé entre réellement dans l'école.

Médecins scolaires renforcés, infirmières présentes, psychologues accessibles, programmes de prévention, d'alimentation, de sommeil.

Le bien-être n'est pas une mode, mais une condition de l'apprentissage.

Conclusion du chapitre IV — Là où commence une Nation.

L'éducation n'est pas un secteur. Elle n'est pas un budget. Elle n'est pas une ligne dans l'organisation de l'État.

L'éducation, c'est la matrice d'un pays.

C'est là que tout commence : les gestes, les mots, les règles, la liberté, le respect, la pensée, le doute, la curiosité, l'effort, la douceur, l'autorité, la transmission.

C'est là que se joue, silencieusement, la paix intérieure des individus et la paix collective de la Nation.

On a trop longtemps demandé à l'école de compenser ce que la société n'assumait plus. On lui a demandé d'être psychologue, assistante sociale, médiatrice, protectrice, infirmière, gardienne, parfois même substitut parental.

Et pendant que l'école s'épuisait, la société se fragmentait.

Avec le Continuum Éducatif et Familial, la France ne délègue plus : elle reconstruit.

Elle reconstruit le pacte premier, celui qui lie la famille et la République, celui qui relie l'intime au collectif, celui qui place chaque enfant non pas dans une structure, mais dans un parcours.

Un parcours lisible, cohérent, humanisé, où l'on ne tombe plus dans les interstices du système mais où l'on est porté, accompagné, révélé.

Ici, la famille retrouve sa place. L'école retrouve sa mission. Les métiers de l'éducation retrouvent leur dignité. Les élèves retrouvent leur horizon.

Ce continuum n'est pas une réforme scolaire : c'est une refondation humaine. Il redonne un langage commun aux générations. Il remet du sens dans l'effort, de la fierté dans la réussite, de la confiance dans la transmission.

Il protège ce qui doit l'être, il valorise ce qui mérite de l'être, il ouvre ce qui doit l'être.

Il ne fabrique pas des consommateurs de diplômes : il forme des êtres capables de penser, de créer, de bâtir et d'aimer leur pays sans renoncer à s'ouvrir au monde.

Dans ce continuum, la France cesse de craindre son avenir. Elle regarde ses enfants non comme une charge, mais comme une chance. Non comme une inquiétude, mais comme une promesse. Non comme un coût, mais comme un héritage.

Et parce qu'un pays qui se tient debout commence par ses enfants, un pays qui veut durer commence par sa jeunesse.

Voilà pourquoi ce continuum vient si tôt dans le Livre III, juste après l'énergie et la défense : parce qu'un pays souverain sans transmission n'est qu'une forteresse vide.

Mais un pays qui transmet, qui protège, qui élève, qui inspire, devient une civilis

« Une société dure par ce qu'elle transmet plus que par ce qu'elle produit. »

CHAPITRE V — Le continuum santé

La République qui prend soin de ses forces vives

Un pays n'est fort que si son peuple tient debout. Ce chapitre affirme que la santé n'est ni un secteur ni une ligne budgétaire, mais l'ossature invisible de la dignité nationale. Il rompt avec la logique fragmentée des "plans" successifs pour rétablir une architecture cohérente : prévenir, soigner, coordonner, transmettre, protéger. Ici, la santé cesse de reposer sur l'héroïsme des soignants : elle repose sur une organisation juste, lisible, humaine.

Il existe une vérité que l'on a trop oubliée : un pays n'est fort que si son peuple tient debout.

La santé n'est pas un secteur d'action publique. Elle n'est pas une ligne budgétaire.

Elle n'est pas un "service" comme un autre, ni la somme d'hôpitaux, de cabinets médicaux, de mutuelles, de systèmes d'assurance ou de protocoles.

La santé, c'est l'ossature invisible d'une Nation. C'est la condition première de la dignité humaine.

C'est ce qui permet à un enfant d'apprendre, à un adulte de travailler, à une famille de vivre, à un pays de respirer. C'est la première justice et la première liberté.

Depuis trente ans, la France a construit un paradoxe cruel :

- Un système de santé parmi les plus compétents du monde… porté par les personnes les plus épuisées du pays.
- Des médecins admirables, mais débordés.
- Des soignants exemplaires, mais découragés.
- Des hôpitaux prestigieux, mais saturés.
- Des innovations brillantes, mais inégalement accessibles.
- Des territoires où l'on soigne encore, et d'autres où l'on ne soigne plus.

Ce n'est pas la faute des soignants. Ce n'est pas la faute des patients. Ce n'est même pas la faute des établissements. C'est la faute d'un modèle devenu incohérent : où l'on gère l'urgence au lieu de prévenir la maladie, où l'on comptabilise au lieu de soigner, où l'on administre au lieu d'accompagner, où l'on répare au lieu d'anticiper.

Le Continuum Santé vient rompre avec cette logique fragmentée.

Il ne crée pas un "plan hôpital", un "plan médecine de ville", un "plan vieillesse", un "plan prévention", un "plan numérique", un "plan démographie médicale".

Il crée un système. Enfin.

Un système où la prévention devient la première médecine. Un système où la donnée biométrique sécurisée fluidifie l'accès aux soins. Un système où le Cloud National permet la coordination réelle des acteurs, des parcours, des urgences.

Un système financé par une protection sociale refondée grâce au Compteur d'Heures Universel.
Un système où le Fonds de Résilience Territoriale garantit qu'aucun village, aucune ville, aucune famille ne sera abandonnée.

Un système où l'État cesse d'être gestionnaire d'hôpitaux pour redevenir stratège de la santé du pays.

Dans ce continuum, la santé ne repose plus sur l'héroïsme des soignants. Elle repose sur une organisation juste, lisible, préventive, efficace et humaine.

Parce qu'une Nation qui ne protège pas la vie perd son âme. Et une République qui laisse s'abîmer ses soignants perd sa dignité.

Le Continuum Santé n'a qu'une seule ambition : faire de la santé non plus un combat quotidien, mais une évidence collective.

C'est ici que commence la reconstruction du lien le plus intime et le plus vital entre la République et chacun de ses enfants : le droit d'être soigné dignement, partout, tout le temps, sans privilège, sans abandon, sans hasard.

La santé est une liberté concrète. Lorsqu'elle vacille, tout le reste vacille.

I. La prévention

Première médecine, première justice

La France a longtemps soigné comme un pays du XIXe siècle : on attend que la maladie surgisse, puis l'on mobilise des armées de soignants pour réparer ce que l'on n'a pas protégé.

Ce modèle n'est plus tenable, ni humainement, ni économiquement, ni moralement.

Un pays moderne ne guérit pas d'abord : il empêche de tomber malade.

Il renforce, il accompagne, il anticipe.

Il comprend que la prévention est la plus puissante justice sociale : celle qui agit avant l'inégalité, avant la douleur, avant la perte de chance.

Le Continuum Santé renverse donc la logique française. La prévention n'est plus un slogan, une ligne marginale dans un budget, un supplément de colloques. Elle devient la première médecine de la Nation.

Une prévention enfin opérante grâce au modèle républicain refondé

Avec la carte biométrique républicaine, chaque citoyen bénéficie d'un suivi continu, simple, sécurisé : vaccinations, antécédents, dépistages, risques spécifiques, santé mentale, activité physique, données médicales essentielles.

Tout est protégé. Jamais vendu. Toujours disponible pour les soignants autorisés.

Avec le Cloud National, les professionnels se parlent. Les écoles détectent plus tôt. Les territoires alertent plus vite. Les médecins agissent plus précisément. Les services sociaux identifient ce qui peut être évité au lieu d'attendre que tout s'effondre.

La prévention devient un droit, pas une option.

Chaque enfant, chaque adulte, chaque personne âgée bénéficie d'un parcours de prévention obligatoire, gratuit, lisible, rythmé par les âges de la vie : dépistages systématiques, suivi psychologique, prévention cardio-vasculaire, accompagnement nutritionnel, repérage des fragilités, santé reproductive, prévention des addictions, activité physique adaptée.

La prévention n'est plus un "plus". C'est une mission républicaine : financée, organisée, assumée.

Le Compteur d'Heures Universel

La prévention comme valeur sociale

Avec le Compteur d'Heures Universel, la prévention change de statut.

Parce qu'elle est reconnue dans le calcul des droits sociaux, elle n'est plus un effort invisible : elle devient un investissement personnel et collectif.

Les heures consacrées à la prévention, à l'accompagnement, à l'éducation à la santé dans les familles, les associations, les clubs sportifs, les écoles cessent d'être du temps perdu. Elles deviennent du temps qui crée du droit.

L'État investit pour éviter la maladie plutôt que pour la subir. La France se libère du piège d'une dépense curative qui s'alourdit chaque année.

C'est cela, la santé du XXIe siècle : épargner de la souffrance, créer de la liberté, rétablir du temps, redonner de la dignité.

II. La médecine de proximité

Remettre un soignant à portée de vie

Il arrive un moment où un pays doit reconnaître ce qu'il a laissé se fissurer.

La France n'a jamais vraiment manqué de médecins ; elle a manqué de liens entre eux, de cohérence dans leur organisation, d'attention pour celles et ceux qui les entourent.

La République a laissé s'allonger les distances : entre la maladie et le soin, entre l'inquiétude et la réponse, entre le besoin et l'accès.

Elle a laissé s'installer une géographie du renoncement : des villages où l'on ne trouve plus de généraliste, des quartiers où l'on attend des semaines pour une consultation, des urgences qui jouent le rôle de médecin de famille parce que le médecin de famille n'existe plus.

Quand la distance entre un patient et un médecin se mesure en heures, ce n'est pas la géographie qui a failli : c'est la République.

Le Continuum Santé commence par-là : la réparation du lien élémentaire entre un citoyen et son soignant.

Il ne cherche pas à recréer une médecine héroïque où un généraliste isolé porte seul le poids d'un territoire. Il veut recomposer un tissu, redonner un rythme, ancrer la santé dans la proximité plutôt que dans l'attente.

La première égalité républicaine, ce n'est pas l'accès à un hôpital de pointe à 200 kilomètres. C'est un soignant à portée de vie.

La France ne manque pas d'infrastructures ; elle manque d'organisation. Elle ne manque pas de professionnels ; elle manque de temps médical. Elle ne manque pas de compétences ; elle manque de coordination.

C'est pourquoi la reconstruction ne se fait pas par décret, mais par une architecture nouvelle.

Les Maisons de Santé Républicaines ne sont pas des bâtiments supplémentaires ; ce sont des foyers de soin, des lieux où le travail médical cesse d'être solitaire.

On y soigne, mais on y enseigne aussi. On y accueille les jeunes médecins, non pour les retenir par contrainte, mais pour leur montrer un territoire organisé, stable, entouré, où l'exercice médical retrouve sa noblesse.

On y partage l'information, on y décide ensemble, on y porte ensemble la charge mentale qu'une médecine isolée ne peut plus supporter.

Le Fonds de Résilience Territoriale donne à ces lieux ce qu'ils n'ont jamais eu : la garantie du temps long.

Mais la proximité n'est pas seulement une affaire de murs. Elle est une affaire de mouvement.

Une part du soin doit aller vers ceux qui ne peuvent plus aller vers lui.

La médecine itinérante, longtemps considérée comme marginale, devient une colonne vertébrale du système : équipes mobiles, consultations avancées, interventions coordonnées auprès des personnes âgées, des enfants isolés, des travailleurs précaires, des personnes en situation de handicap.

Les départements organisent, les communes facilitent, l'État garantit.

Le premier désert médical n'est pas rural : il est administratif. Il s'est accumulé sous forme de formulaires, de justificatifs, de doublons, de codes, de certifications, de vérifications contradictoires et d'obligations absurdes.

La médecine de ville s'y est épuisée.

Le Cloud National vient libérer ce temps perdu.

Lorsque l'État cesse de demander au médecin ce qu'il sait déjà, lorsque la carte biométrique sécurise l'accès et automatise les droits, lorsque les données se retrouvent dans un espace souverain, alors le temps revient là où il est le plus précieux : dans la relation humaine.

La médecine de proximité réussit lorsqu'elle cesse d'être une responsabilité individuelle et redevient une responsabilité collective.

Les collectivités territoriales y retrouvent leur rôle naturel : celui d'assurer la cohésion sociale.

Les départements deviennent les chefs d'orchestre de la prévention, du médico-social, de l'accompagnement.
Les communes deviennent le premier appui logistique et humain.

L'État fixe le cap, finance, garantit l'égalité, maintient la cohésion nationale.

Enfin, chacun retrouve sa place.

Un système de santé tient quand le soin redevient une proximité et cesse d'être une épreuve.

III. L'hôpital. Redonner un cœur à la République

Il existe, au cœur de chaque ville française, un bâtiment qui ressemble davantage à une cathédrale qu'à un service : l'hôpital.

On y entre rarement par choix, souvent par crainte, toujours avec l'espoir qu'une société trouve encore la force de se tenir debout pour ses membres les plus fragiles.

Et pourtant, depuis vingt ans, l'hôpital n'a plus été gouverné comme un sanctuaire, mais comme une usine. On lui a demandé des ratios, des flux, des tableaux de bord, comme si la vie pouvait se mesurer en indicateurs, comme si les soignants étaient des opérateurs, comme si l'urgence pouvait se planifier.

L'hôpital public est épuisé. Mais il n'est pas terminé. Un hôpital ne s'effondre jamais par manque de compétence. Il s'effondre par manque de temps, de reconnaissance, de vision.

L'usure est morale plus que matérielle.

Elle se lit dans les visages, dans les épaules qui tombent, dans les départs silencieux de ceux qui n'en pouvaient plus.

La République leur doit mieux qu'un hommage. Elle leur doit une reconstruction.

Le Continuum Santé rétablit une vérité essentielle : l'hôpital n'est pas un centre de coûts, c'est un centre de souveraineté humaine.

Un pays qui perd la maîtrise de son hôpital perd la maîtrise de sa dignité.

Les Fonds Souverain et de Résilience y déploient chacun leur rôle :

- Le premier pour garantir les équipements vitaux, la recherche médicale, la robotique, l'imagerie, la cybersécurité hospitalière.
- Le second pour assurer la stabilité du quotidien, la qualité de vie au travail, la rénovation des bâtiments, la sécurité, l'accueil, l'hébergement des proches, les équipes mobiles.

Mais l'hôpital n'est pas seulement un lieu de soin : c'est une école. Il doit redevenir un lieu où l'on apprend, où l'on transmet.

Où les internes ne sont plus une main-d'œuvre dissimulée, mais les héritiers d'un savoir.

Où les équipes pluriprofessionnelles — soignants, paramédicaux, psychologues, assistants sociaux — travaillent ensemble, sans cette verticalité administrative qui a écrasé le vivant sous les protocoles.

Le Compteur d'Heures Universel permet de reconnaître le temps, l'effort, la présence, la transmission, et de valoriser enfin la formation comme un acte républicain majeur.

Un pays qui reconnaît son hôpital reconnaît sa propre humanité.

IV. La fin de la T2A. Libérer l'hôpital de la logique marchande

Pour l'hôpital français, l'erreur a un nom : la T2A, la tarification à l'activité.

- Elle a été conçue pour rationaliser, optimiser, rendre l'hôpital plus “efficace”. En réalité, elle l'a rendu malade.
- Elle a transformé la médecine en flux, la souffrance en ligne comptable, les soins en actes codifiés, le temps humain en coût variable.

L'hôpital n'est pas une entreprise. Il ne vend pas des opérations : il sauve des vies. Il ne cherche pas la productivité : il cherche la stabilité.

Un hôpital vital ne se juge pas à ce qu'il facture, mais à ce qu'il prévient, ce qu'il protège, ce qu'il accueille.

La République met donc fin à la T2A.

Elle est remplacée par une architecture simple, lisible, profonde :

- Un financement par mission, qui reconnaît la fonction essentielle de l'hôpital public.
- Un financement par population, qui tient compte de l'âge, du territoire, de la précarité, des risques épidémiologiques, des maladies chroniques.
- Un financement par excellence, qui valorise la recherche, l'innovation, la formation, la chirurgie complexe, la médecine rare.
- Un financement par temps humain, rendu possible par le CHU et la traçabilité sécurisée du Cloud National.

Cette réforme n'est pas technique : elle est philosophique.

Elle rend à l'hôpital ce que la République lui avait retiré : sa liberté de soigner, sans courir après des actes, sans craindre la faillite, sans devoir choisir entre ce qui rapporte et ce qui soulage.

Avec la fin de la T2A, l'hôpital redevient ce qu'il n'aurait jamais dû cesser d'être : un centre d'expertise, un refuge. Pas un marché.

V. La santé mentale

Remettre de la lumière là où la République n'osait plus regarder

Il existe une maladie qui se propage sans bruit, sans marque visible, sans plainte spectaculaire. Une maladie qui ronge les familles, les couples, les adolescents, les travailleurs, les personnes âgées, les invisibles.

La santé mentale est devenue l'un des grands angles morts de la République, parce qu'elle touche tout, mais ne se voit nulle part.

La France n'a pas manqué de psychiatres : elle a manqué d'écoute. Elle n'a pas manqué de structures : elle a manqué de temps humain. Elle n'a pas manqué de diagnostics : elle a manqué de prévention.

Le Continuum Santé fait sortir la santé mentale de sa périphérie. Elle devient un pilier, pas une spécialité marginalisée.

Psychologues intégrés dans les parcours scolaires ; équipes mobiles pour les jeunes en rupture ; psychiatres territoriaux associés aux Maisons de Santé Républicaines ; accompagnement des familles, soutien aux aidants, prévention continue.

La santé mentale cesse d'être un domaine honteux, et devient un domaine républicain.

Une société qui ne soigne pas l'esprit ne peut pas soigner le corps. Une République qui ne protège pas les fragilités finit par produire sa propre violence.

VI. L'innovation médicale. Préparer la médecine du siècle qui vient

Le XXIe siècle sera celui de la robotique médicale, de l'intelligence artificielle clinique, du dépistage précoce, de la thérapie génique, de la médecine prédictive.

Il peut être un siècle d'inégalités extrêmes — ou un siècle de progrès partagé.

La France a les chercheurs, les ingénieurs, les professionnels du data, les filières industrielles. Ce qu'elle a perdu, c'est la capacité de coordonner ces forces dans une vision nationale.

Le Cloud National change cela.

Il permet la circulation sécurisée des données, l'entraînement d'algorithmes souverains, l'évaluation scientifique continue. Il ouvre un espace de recherche que la République maîtrise de bout en bout, sans dépendre d'infrastructures étrangères.

Le Fonds Souverain finance les filières critiques : robotique chirurgicale, imagerie avancée, prothèses intelligentes, simulateurs médicaux, nanotechnologies thérapeutiques, cybersécurité hospitalière.

La France redevient une puissance médicale, non par nostalgie, mais par anticipation.

La médecine du futur n'est pas une menace si elle est encadrée par la République. Elle devient un danger si elle est abandonnée aux seules puissances privées.

VII. Vieillesse, aidants, longévité. La dignité comme horizon

La vieillesse n'est pas un coût : c'est une victoire.

C'est la preuve qu'un pays a soignée, protégé, nourri, accompagné suffisamment bien pour permettre à ses citoyens d'atteindre un âge que des siècles entiers de civilisation n'avaient jamais offert.

La France a gagné la longévité. Elle n'a pas encore gagné la dignité. Les familles portent seules ce que la République aurait dû prendre en charge. Les aidants s'épuisent dans l'ombre, sans reconnaissance, sans droits, sans relève. Les EHPAD ont été transformés, parfois malgré eux, en lieux de survie plutôt qu'en lieux de vie.

Les personnes âgées sont devenues des dossiers à planifier, des lignes budgétaires à maîtriser, plutôt que des mémoires vivantes à honorer.

Le Continuum Vieillesse répare cette injustice silencieuse.

Le CHU reconnaît enfin le rôle des aidants : enfants, proches, voisins qui donnent du temps, de la présence, de l'attention, du soin.

Ce temps devient valeur, droit, reconnaissance.

Les Maisons de Santé Républicaines accueillent un nouveau pilier : les Unités de Longévité, où gériatres, infirmiers, psychologues, kinés, ergothérapeutes travaillent ensemble pour accompagner l'autonomie et retarder la dépendance.

Les résidences pour personnes âgées sortent du modèle hôpital-hôtelier : elles deviennent des maisons de vie, financées en partie par le Fonds de Résilience, où le lien social compte autant que la prise en charge médicale.

La prévention du vieillissement devient une priorité nationale dès la cinquantaine : nutrition, activité physique, ergonomie du logement, dépistage cognitif, accompagnement psychologique, lutte contre l'isolement.

La dépendance n'est plus un gouffre financier. Elle est prise en charge par le système social réformé, soutenu par les nouvelles assiettes contributives, par les économies structurelles, par la rationalisation de l'État.

La vieillesse cesse d'être un naufrage. Elle redevient une étape : celle où l'on transmet, celle où l'on relie, celle où l'on apaise.

Une société qui honore ses anciens se prépare un avenir sûr. Une société qui les oublie se condamne à l'ingratitude.

VIII. L'Économe face à la Santé. Mettre de l'ordre pour redonner de l'air

L'Économe n'est pas un illusionniste. Il ne promet pas l'impossible, ne vend pas du miracle, ne maquille pas la réalité.

Il sait qu'un pays ne se dirige pas avec des slogans, mais avec des fondations.

Dans le domaine de la santé, ces fondations ont été fissurées par des années de technocratie déconnectée, de gestion à courte vue, de bureaucratie hypertrophiée.

L'Économe commence par un geste simple et radical : il remet de l'ordre. Il regarde le système de santé non comme une addition d'institutions, mais comme un organisme vivant.

Aujourd'hui, cet organisme ne respire plus. Il étouffe sous les dispositifs, les agences, les strates administratives, les normes qui paralysent au lieu de protéger.

Alors l'Économe agit. Il ne coupe pas pour le plaisir de couper. Il rationalise pour libérer.

L'Économe ne démolit pas : il clarifie. L'Économe ne complexifie pas : il simplifie.

Les hôpitaux ne seront plus dirigés par des technocrates obsédés par les tableaux de bord mais coupés des soignants.

La gouvernance médicale redevient un pilier central : les soignants reprennent la main, l'hôpital redevient soignant avant d'être gestionnaire.

Les dizaines d'agences éparpillées sont rationalisées, fusionnées, mises en cohérence. Le pays n'a pas besoin de mille décideurs : il a besoin d'une ligne claire.

Il construit la première grande centrale d'achat public de la santé. Un pays de 68 millions d'habitants ne peut pas négocier comme mille petites entités. Un pays n'est fort que si son peuple tient debout. Ce chapitre affirme que la santé n'est ni un secteur ni une ligne budgétaire, mais l'ossature invisible de la dignité nationale. Il rompt avec la logique fragmentée des "plans" successifs pour rétablir une architecture cohérente : prévenir, soigner, coordonner, transmettre, protéger. Ici, la santé cesse de reposer sur l'héroïsme des soignants : elle repose sur une organisation juste, lisible, humaine.

Conclusion du chapitre V — La République qui soigne pour de vrai

Dans cette architecture rénovée :

- L'hôpital retrouve sa mission première.
- Les soignants retrouvent leur dignité.
- Les patients retrouvent leur confiance.
- Les personnes âgées retrouvent leur place.
- Les aidants retrouvent leur reconnaissance. Les territoires retrouvent leurs services.

La Nation retrouve sa cohérence. Le Continuum Santé devient enfin ce qu'il aurait toujours dû être : un espace où l'on soigne, où l'on prévient, où l'on accompagne et où l'on vit.

Parce qu'un pays qui protège la vie se donne le droit de penser l'avenir. Parce qu'un pays qui respecte ses soignants se respecte lui-même.

« La santé est le premier Bien Commun. »

CHAPITRE VI

Le continuum sécurité – justice

La République qui se réaccorde à elle-même

Il existe un fil discret qui tient une Nation : la paix intérieure. Ce chapitre réunit ce que l'époque a dispersé — sécurité, justice, prévention, responsabilité — pour en faire une architecture cohérente. Ici, la sécurité cesse d'être une routine : elle redevient une présence. Et la justice cesse d'être une procédure : elle redevient un souffle.

Il existe dans la vie d'une Nation un fil discret, presque invisible.

Un fil que l'on ne voit pas tant qu'il tient, mais dont la rupture fait trembler tout le reste.

Ce fil s'appelle la paix intérieure.

La France a porté longtemps cette paix comme un bien allant de soi. Elle l'a crue robuste, naturelle, garantie par l'histoire. Puis elle a découvert, à mesure que ses liens s'effilochaient, qu'aucune paix n'est durable si elle n'est pas entretenue.

La sécurité n'est pas une routine : c'est une architecture. La justice n'est pas une procédure : c'est un souffle.

Quand l'une et l'autre se fragilisent, ce n'est pas seulement l'ordre public qui vacille : c'est la capacité d'une Nation à se reconnaître, à vivre ensemble, à se projeter.

C'est à cette architecture que ce chapitre redonne son épaisseur.

La paix intérieure ne se proclame pas. Elle s'organise. Elle se tient.

I. Le pays qui se reprend en main

Une société n'a pas besoin d'être parfaite pour tenir ; elle a besoin d'être cohérente.

C'est lorsque la cohérence s'effrite entre les territoires, entre les institutions, entre les générations, que les fractures deviennent des failles.

La sécurité et la justice n'ont pas disparu en France. Elles se sont dispersées.

Des forces courageuses mais isolées. Des agents dévoués mais débordés. Des magistrats lucides mais entravés. Des policiers municipaux essentiels mais trop longtemps considérés comme périphériques.

Des prisons saturées, des tribunaux engorgés, des victimes perdues dans les démarches, des mineurs captés par des réseaux dont l'économie criminelle dépasse les frontières et irrigue des territoires entiers.

La République n'a pas failli par abandon. Elle a failli par fragmentation.

Le Continuum Sécurité–Justice entreprend l'inverse : ramener chaque métier, chaque institution, chaque outil dans une même direction.

Non pas pour tout centraliser, mais pour tout relier.

II. L'État stratège

Retrouver la maîtrise intérieure

La première restauration est institutionnelle. La coordination territoriale cesse d'être éclatée entre mille centres de décision.

Le préfet redevient la clef de voûte du dispositif, le garant visible de l'ordre républicain — non comme un administrateur, mais comme un stratège local.

Sous son autorité, un Commandement Départemental Unifié rassemble : la police nationale, la gendarmerie, la police municipale reconnue et intégrée, les services de renseignement départementaux, la sécurité civile, les pompiers, les équipes de cybersécurité territoriales, les cellules de prévention de la radicalisation, et les magistrats de liaison.

Ce n'est plus un paysage d'acteurs isolés. C'est un réseau cohérent. Une force commune.

Les doublons disparaissent. Les angles morts se referment. Les informations circulent par un Cloud Sécuritaire National, souverain, interne, inviolable.

La République retrouve ainsi ce qui lui manquait : la vision globale.

III. Une force intérieure élargie, formée, assumée

Protéger ne consiste plus seulement à intervenir. C'est anticiper, identifier, prévenir, désamorcer.

Pour cela, la France crée trois nouveaux piliers.

• Le Corps National d'Expertise contre les Menaces Hybrides

Un corps discret, mais essentiel, composé d'analystes, d'ingénieurs, de linguistes, de juristes, de psychologues, de spécialistes du cyber, capables de comprendre les attaques invisibles.

La désinformation, la crypto-criminalité, les réseaux pédocriminels, les mafias numériques, les financements occultes, les manipulations étrangères, l'influence algorithmique seront traquées, démantelées et punies.

• Les Sentinelles de la Tranquillité Publique

Non pas une police parallèle, mais un réseau de présence humaine formée : agents municipaux, médiateurs, gardiens d'immeubles, contrôleurs de transports, bénévoles encadrés.

Une armée discrète d'observation, de remontée d'information, de prévention des conflits et de stabilisation du quotidien.

Faite pour prévenir. Non pour dénoncer.

• Le Grand Programme de Formation Civile et Opérationnelle

Sur dix ans, la France forme 3 à 4 millions de citoyens. Non pour militariser la société, mais pour créer une culture de protection collective :

- Secourisme certifié.
- Comportements face aux risques.

- Prévention des incendies de forêt.
- Surveillance hydrologique et risques naturels.
- Premiers appuis aux forces de l'ordre.
- Cyber-hygiène et vigilance contre les influences extrémistes.

Le CHU reconnaît ce temps comme contribution directe à la résilience nationale.

Une Nation protège mieux quand elle sait prévenir. Et prévenir est une forme de souveraineté.

IV. La justice réaccordée au temps réel

La sécurité n'est pas complète sans une justice qui suit. La justice française n'est pas faible. Elle est ralentie.

Écrasée de procédures, asphyxiée de délais, corsetée par une architecture qui date d'un pays beaucoup moins dense, beaucoup moins numérique, beaucoup moins exposé.

Le Continuum apporte trois transformations majeures.

• La Justice de Proximité retrouvée

Dans chaque canton renaît une maison de justice capable de traiter immédiatement : conflits de voisinage, squat, actes d'incivilité répétés, impayés simples, dégradations, violences légères, nuisances chroniques, fraudes du quotidien.

Une justice rapide, lisible, réparatrice.

- Un juge accessible.
- Un médiateur formé.
- Un greffe allégé.

La lenteur cesse d'être un verdict.

• La réforme pénale pour un siècle de risques

Trois axes :

- Proportionnalité renforcée : pas de confusion entre un adolescent en déroute et un criminel endurci.
- Responsabilité accrue : caution systématisée en cas de remise en liberté lorsque l'ordre public peut être menacé.
- Réinsertion exigeante : travail, formation, réparation — un détenu oisif est un échec public.

La prison cesse d'être un chaos. Elle redevient une frontière, mais une frontière civilisée.

• La lutte contre les criminalités systémiques

Le continuum place au même niveau : narco-économie, traite de mineurs, prostitution lycéenne, mafias territoriales, cyber-escroqueries, grandes fraudes en col blanc, détournements de fonds publics, mafias importées, contrebande industrielle.

Pour la première fois, la France ne traite plus ces phénomènes comme des exceptions. Elle les considère comme un front intérieur.

L'ordre républicain n'est pas seulement une question de police. C'est une bataille contre des systèmes.

V. La jeunesse. Enjeu vital du Continuum

Le crime organisé a compris avant l'État que la jeunesse est un terrain stratégique. Les réseaux ont transformé les mineurs en marchandises. Ils exploitent leur irresponsabilité pénale pour bâtir des circuits entiers.

Le Continuum introduit un principe simple : un mineur n'est pas une victime passive, mais un enjeu national.

Cela implique : des unités spécialisées contre la traite des mineurs, des équipes éducatives intégrées aux forces territoriales, des internats de rupture, un accompagnement psychologique massif, une prise en charge immédiate des fugueurs, une réponse pénale claire mais formatrice.

Un mineur retiré d'un réseau n'est pas un chiffre. C'est un territoire social récupéré.

VI. La culture de la responsabilité

Une République ne peut fonctionner si ses citoyens pensent que tout leur est dû. La sécurité collective exige une responsabilité personnelle.

Ce n'est pas une morale. C'est une mécanique.

Les comportements dangereux — en montagne, en mer, sur route, sur rail, lors d'événements — engagent désormais la responsabilité contributive. Non pour punir, mais pour rappeler que chacun compte.

Les écoles, collèges, lycées et universités intègrent la pédagogie du droit, non comme un module optionnel, mais comme un pilier du civisme contemporain :

- Comment naît un délit.
- Comment fonctionne une enquête.
- Ce qu'est un jugement.
- Ce que coûte une intervention.
- Ce qu'implique une liberté.
- Comment se construit la confiance.

Un pays qui ne forme pas au droit fabrique sa propre désobéissance.

Conclusion du chapitre VI — La France qui recommence à tenir

Le Continuum Sécurité–Justice ne promet ni un pays sans violence, ni une société sans déviance. Aucun texte ne peut abolir la nature humaine. Mais il rétablit ce qui manque depuis longtemps : la continuité, la lisibilité, la cohérence.

Il donne à la France un cadre intérieur stable, à ses institutions un langage commun, à ses forces une mission unifiée, à sa justice un rythme retrouvé, à ses citoyens une confiance reconstruite.

Ce n'est pas un retour à un âge d'or : il n'a jamais existé. C'est un retour à la maîtrise. La sécurité redevient une présence. La justice redevient une parole. La responsabilité redevient un lien.

« La liberté consiste à pouvoir faire tout ce qui ne nuit pas à autrui. » — Déclaration des droits de l'homme et du citoyen (1789).

CHAPITRE VI — Le continuum territorial

La République qui recommence à tenir partout à la fois

La souveraineté ne se décrète pas depuis un centre : elle se construit dans chaque lieu. Ce chapitre affirme une vérité trop longtemps évitée : un État ne peut tenir que s'il habite réellement ses territoires. Le Continuum Territorial n'est pas une réforme administrative, mais la reconstruction du corps vivant de la République.

Il existe des pays qui tombent d'un seul bloc, et d'autres qui se fissurent par fragments. La France, elle, n'a pas sombré : elle s'est effritée.

Non pas dans un fracas spectaculaire, mais dans une lente dispersion du réel : des villages silencieux, des montagnes oubliées, des littoraux saturés, des métropoles débordées, des Outre-mer négligés, des campagnes abandonnées, des élus locaux épuisés. Un pays qui reste beau parce que ses paysages tiennent encore debout, mais dont l'organisation, elle, s'est défaite.

La France n'a pas perdu sa puissance : elle a perdu son dessin.

Son architecture s'est tordue sous le poids des strates qu'elle n'a jamais osé enlever : 36 000 communes sans moyens, 560 000 élus dont beaucoup ne disposent même plus des outils d'une décision réelle, des régions politiques devenues d'immenses silhouettes désincarnées, des intercommunalités empilées comme des rustines, des syndicats de communes utilisés comme pansements structurels, des métropoles hypertrophiées, un État déconcentré sans être reformé, un mille-feuille que plus personne ne comprend.

Dans ce brouillard institutionnel, la République s'est éloignée. Non par malveillance, mais par dispersion.

Le citoyen cesse d'y croire. Car on n'habite pas une abstraction : on habite un territoire.

Le Continuum Territorial commence donc par reconnaître cette vérité simple et sévère : **un pays ne tient que s'il tient partout.**

La souveraineté énergétique, la défense, la justice, l'éducation, la santé, la cohésion :
rien ne tient si le territoire ne tient pas d'abord.

La République ne peut pas être continue si son sol se fragmente. Elle ne peut pas protéger si elle ne circule plus. Elle ne peut pas rassembler si elle n'habite plus nulle part.

Ce chapitre n'est pas une réforme administrative. C'est la réanimation d'un pays qui a oublié son propre corps.

I. Le moment de vérité : la France face à son miroir

Pendant des décennies, l'organisation territoriale française s'est écrit comme un palimpseste : on ajoutait, on corrigeait, on consolait, on bricolait. On créait pour apaiser, on modifiait pour rassurer, on empilait pour ne pas retirer.

Et lentement, la France a perdu la géométrie qui avait fait sa force.

Les communes se sont vidées de leurs moyens mais remplies de responsabilités. Les régions se sont gonflées de périmètres mais vidées de sens. Les départements, que l'on avait voulu affaiblir comme des reliques du passé, ont paradoxalement porté tout le poids du réel :la vieillesse, l'enfance en danger, les routes, les pompiers, le médico-social, la solidarité humaine.

Quant aux élus, ils sont devenus les ouvriers invisibles d'un pays ingrat.

Ils ont porté les colères, les normes, les recours, les insultes, les obligations contradictoires, les responsabilités pénales, les attentes impossibles. Ils ont porté la France, sans que la France ne les porte.

Et le peuple, lassé de ne plus comprendre à qui s'adresser, a cessé de s'adresser. La distance s'est installée. Puis l'indifférence. Puis parfois la colère.

Un pays peut survivre à la pauvreté. Il survit mal à la confusion.

La France avait besoin d'un geste simple et immense : **retrouver sa forme.**

Un pays ne se gouverne pas par couches. Il se gouverne par lignes claires. Quand tout est prioritaire, plus rien ne tient.

II. Refaire la charpente : une République lisible, continue, respirable

Le Continuum Territorial ne procède pas par retouches. Il redessine la maison France.

Avec une règle simple : retirer avant d'ajouter, clarifier avant de réformer, respirer avant de gouverner.

La disparition des régions politiques : une respiration démocratique

Les régions actuelles n'ont pas été bâties par la géographie, ni par l'histoire, ni par la volonté populaire. Elles ont été dessinées comme des découpages comptables : gigantesques mais impuissantes, trop éloignées pour comprendre, trop faibles pour décider.

Elles ont alourdi le calendrier électoral, dilué les responsabilités, multiplié les doublons.

Les régions politiques s'effacent. Non par vengeance, mais par honnêteté.

Elles laissent place à des **Pôles d'Expertise Territoriale**, chargés de coordonner ce qui doit l'être : l'eau, l'énergie, le rail, la fibre, la logistique, les ports, les risques naturels, les fonds européens, les corridors écologiques.

Ces pôles ne gouvernent pas. Ils assurent la continuité du pays.

Le retour du département comme centre de gravité du pays réel

Le département n'est pas un étage. Il est la taille humaine du territoire français. C'est là que naissent les fragilités, les sols, les routes, les écoles, les services, les risques industriels, les crues, les sécheresses, les personnes âgées, les enfants fragiles.

Le département devient la **colonne vertébrale du Continuum Territorial**.

Autour du préfet, redevenu pilote du Bien Commun, s'organisent : la sécurité de proximité, la prévention, la santé locale, les infrastructures structurantes, les Maisons de Services, l'équilibre entre rural et urbain, la planification territoriale, la maintenance des paysages, l'anticipation des risques, la répartition des moyens. Le département n'est plus un vestige. **C'est le cœur.**

Les communes comme Maisons de Services : la République qui revient habiter

36 000 communes, c'est une richesse. 36 000 communes sans moyens, c'est une souffrance.

Elles ne disparaissent pas. Elles se métamorphosent.

Chaque mairie devient une **Maison de Services Républicains**. On y trouve : la justice de proximité, la sécurité de secteur, le numérique souverain, la CAF, l'orientation, les aides, l'accès santé, les relais jeunes, le guichet retraite, la carte biométrique, le CHU, le Cloud National, la police municipale.

La République redevient accessible en bas de chez soi.

Les bassins de vie : enfin des territoires cohérents

Les intercommunalités cessent d'être des structures opaques. Elles deviennent des lieux démocratiques, visibles, définis par la vie réelle. Elles gèrent ensemble : l'eau, les déchets, les mobilités, l'énergie locale, les paysages, les circuits courts, les services partagés.

Là où la commune ne peut plus, le bassin de vie prend le relais.

La République ne revient pas par décret. Elle revient quand chaque niveau retrouve sa fonction juste. Ni trop loin. Ni trop près. À la bonne distance.

III. La ruralité stratégique : la France silencieuse qui nous nourrit et nous protège

Il y a des territoires qui ne crient pas. Et c'est pour cela qu'on les oublie.

La ruralité nourrit, amortit, stocke l'eau, protège les sols, produit l'énergie, garde les paysages. Elle représente la France lente. La France qui tient.

Mais elle a payé le prix des abandons : routes effondrées, écoles vidées, commerces fermés, médecins partis, jeunes éloignés, terres rachetées par des fonds étrangers.

La ruralité devient stratégique.

Les écoles deviennent des campus numériques ruraux. Les routes redeviennent une priorité nationale. Les maisons de santé rurales sont connectées au Cloud National. Les circuits courts deviennent une politique de souveraineté. Les filières agricoles, forestières, bois, verre, métal, métiers d'art redeviennent des filières d'excellence.

Un pays qui abandonne ses campagnes abandonne sa liberté. La France les retrouve.

IV. Les territoires fragilisés : réparer ce que la République a laissé se rompre

Un pays ne tient pas seulement par ses forces. Il tient par ses réparations.

Montagnes isolées. Littoraux saturés. Outre-mer oubliés. Zones industrielles punies pour leur histoire. Villages enclavés.

Le Continuum Territorial crée un **Plan des Zones Vitales** : routes, ponts, digues, câbles, fibres, ports, sols. Et un **Fonds Territorial de Résilience**, accessible immédiatement. La sécurité commence par la maintenance. La République remet les mains dans le béton, la terre, les câbles, les forêts.

Gouverner, c'est entretenir. Un pont qui tient vaut parfois plus qu'un discours qui promet.

V. Les Outre-mer : le territoire de demain

La France maritime n'est pas un chapitre éloigné. Elle est notre avenir. Les Outre-mer deviennent des avant-postes : industries bleues, transition énergétique, recherche climatique, souveraineté maritime.

La mer n'est plus une frontière. Elle devient une grande page.

VI. La finance locale : l'air que les territoires attendaient

Les collectivités ont vécu dans l'instabilité permanente.

Le Continuum Territorial reconstruit une architecture financière stable, lisible, durable, équitable, arrimée au Fonds Territorial de Résilience. Pour la première fois, un élu peut projeter à dix ans.

Le territoire cesse de mendier. **Il recommence à décider.**

VII. Les élus : piliers silencieux de la République locale

Ils connaissent les hivers rigoureux, les égouts bouchés, les colères, les attentes.

Ils ont tenu quand le pays doutait. Le Continuum Territorial leur rend la dignité : formation, protection juridique, simplification normative, accompagnement, reconnaissance.

La République ne tient pas si ceux qui la portent s'effondrent.

Conclusion du chapitre VI— Un pays recommence à exister

Le Continuum Territorial n'est pas une réforme. C'est une respiration retrouvée.

Quand les communes redeviennent des maisons, quand les départements redeviennent des cœurs, quand la mer redevient un horizon, quand l'Outre-mer redevient une force, quand les élus redeviennent des piliers, alors la France redevient un territoire continu.

Un pays qui se tient. Un pays qui respire. Un pays qui recommence.

« L'unité nationale se construit dans la cohérence des territoires. »

CHAPITRE VIII — Le continuum fiscal à reconstruire

Quand un pays cesse de subir l'impôt pour lui redonner un sens.

La souveraineté ne se finance pas par l'opacité : elle se construit par la clarté.

Ce chapitre affirme une vérité longtemps contournée : une République ne tient pas lorsque ses règles fiscales deviennent incompréhensibles pour ceux qui la font vivre.

Le Continuum Fiscal n'est pas un ajustement comptable, mais la remise en ordre du pacte contributif sans lequel aucune souveraineté durable n'est possible.

I. L'impôt comme lien, et non comme piège

Il fut un temps où la fiscalité française était un acte de confiance. L'impôt n'était pas seulement une ponction : c'était une preuve de civilisation. Chacun contribuait, parce que chacun savait, au fond, que l'École, l'Hôpital, les routes, la justice, la sécurité, n'existaient que parce que tous mettaient quelque chose en commun.

Puis, au fil des décennies, quelque chose s'est brisé. L'impôt est devenu un labyrinthe. Ceux qui ne peuvent pas bouger paient plein pot. Ceux qui savent se faufiler paient quand ils veulent, où ils veulent, si ça les arrange. La fiscalité a cessé d'être un pacte : elle est devenue une épreuve.

La France n'a jamais manqué d'impôts. Elle a manqué de justice, de lisibilité, de cohérence, de courage. Elle a surtout oublié une vérité simple :

Un pays souverain se finance par ce qui le renforce, pas par ce qui l'épuise.

Pendant que le pays travaillait, produisait, innovait, l'État s'enfonçait dans une dette devenue structurelle. Pendant que les familles comptaient chaque centime, les ingénieurs fiscaux perfectionnaient l'art de l'esquive. Pendant que les travailleurs s'entendaient dire **que « la protection sociale coûte un pognon de dingue »,** on renonçait à repenser les bases mêmes de son financement.

La République du Bien Commun ne promet pas un miracle : elle propose un changement de voie. Elle ne détruit pas tout, elle recompose. Elle ne supprime pas l'impôt : elle lui rend sa dignité, celle d'un lien entre un peuple, ses projets et son avenir.

II. Le diagnostic sans fard : un pays riche, mais désaccordé

La France n'est pas un pays pauvre. Elle est un pays mal accordé.

- Un PIB d'environ **2 920 milliards d'euros**.
- Une dette publique qui flirte avec les **3 400 milliards**.
- Des dépenses sociales à **888 milliards** par an.
- Un chiffre d'affaires des entreprises autour de **4 250 milliards**.
- **6 000 milliards** d'épargne nationale.

Tout est là : la richesse produite, la capacité créatrice, la puissance industrielle potentielle. Mais cette puissance ne se reflète ni dans l'état de nos comptes publics, ni dans le ressenti de ceux qui travaillent. L'économie réelle avance, l'État trébuche.

Le problème n'est pas la richesse. Le problème, c'est la cohérence.

Pendant des décennies, le système fiscal n'a pas été un instrument politique, mais un terrain de bricolage. Chaque gouvernement y a ajouté ses exemptions, ses niches, ses compensations, ses rustines, ses innovations irréfléchies. On a fiscalisé quand il fallait réguler, subventionné quand il fallait arbitrer, distribué quand il fallait organiser.

Le résultat est connu : un pays qui taxe intensément, dépense massivement, et maîtrise très mal ce qu'il finance.

La Fiscalité Souveraine ne vient pas repeindre ce décor. Elle vient reprendre le plan.

III. L'Économe : refuser de faire payer aux enfants les erreurs de leurs parents

L'Économe n'est pas un ministre de plus. Ce n'est pas un super-technicien. C'est une figure politique nouvelle, un rôle clair : veiller à ce que la Nation ne vive plus à crédit sur la génération suivante.

Il pose trois exigences :

- La dette doit cesser d'augmenter.
- L'État doit cesser de se financer sur le travail comme seule variable d'ajustement.
- L'impôt doit redevenir un instrument de puissance, et non un outil d'usure.

Pour la première fois depuis quarante ans, un principe fondateur est posé :

La France doit redevenir une Nation qui vit de son travail, pas de sa dette.

Non par dogmatisme, mais par respect pour ses enfants. Car un pays qui consomme le futur de ses enfants n'est plus souverain : c'est un pays sous perfusion.

IV. Cesser de frapper le travail, cesser de punir l'effort

Pendant des décennies, lorsqu'un gouvernement cherchait de l'argent, il savait où taper : sur ceux qui travaillent, sur ceux qui produisent, sur ceux qui ne peuvent pas déménager leur fiche de paie à l'étranger.

On a taxé le salaire, surtaxé les cotisations, ajouté des couches, des contributions, des prélèvements, comme si le travail était un danger public.

Ce qui ne tient plus

- Des classes moyennes étouffées.
- Des entreprises qui hésitent à embaucher.
- Des jeunes qui ne croient plus que le travail « paie vraiment ».
- Une défiance généralisée vis-à-vis de l'impôt.
- Et, malgré tout, un État resté lourdement endetté.

La bascule

- La CSG disparaît de la feuille de paie.
- Le CRDS disparaît de la feuille de paie.
- Les exonérations Fillon, qui ont fini par paupériser les travailleurs pauvres tout en fragilisant les comptes sociaux, sont supprimées.

Le travail n'est plus l'endroit où l'on compense l'incapacité de l'État à se réformer.

Le financement des **888 milliards de comptes sociaux** bascule progressivement vers une assiette plus large, plus juste, plus stable : **le chiffre d'affaires**.

V. Le Compteur d'Heures Universel (CHU) : la grande bascule sociale

Le CHU n'est pas un gadget. C'est le cœur battant du nouveau modèle social. Il unifie ce que la France avait éclaté en 42 régimes de retraite, d'innombrables caisses, une forêt de règles opaques. Sans toucher aux droits acquis, il change la manière de les compter.

On ne parle plus de trimestres engrangés par des vies cabossées, hachées, interrompues. On parle d'heures de contribution à la valeur ajoutée nationale.

Ce qui compte

Heures de travail salarié, heures supplémentaires, heures de nuit, heures de garde, de week-end, heures d'indépendant, heures de bénévolat, heures d'aidant à domicile, heures de formation, service civique : chaque heure devient une monnaie de droits.

Qui contribue

- Les entreprises, via une contribution assise sur leur chiffre d'affaires, ajustée en fin d'année par leur niveau de bénéfices pour constituer une réserve sociale.
- Les salariés, par leur effort de travail.
- L'État, sur son propre budget, car ses agents ont les mêmes droits sociaux que les autres.
- Les collectivités territoriales, car elles emploient, elles aussi, des travailleurs.

- Les associations, fondations, etc.
- Les SCI, car les rentes immobilières bénéficient d'un système de droits qu'elles doivent contribuer à financer.

Le CHU met fin à la fiction selon laquelle le privé paierait pour tout et le public serait hors sol. Les droits sont généraux, les contributions le deviennent aussi.

Et comme l'assiette du financement social se cale sur le chiffre d'affaires (**4 250 milliards**) plutôt que sur la seule masse salariale, la charge devient moins écrasante pour chaque emploi : plus juste, plus stable, plus universelle.

VI. Production contre rente : remettre le monde à l'endroit

Il y a, dans ce pays, des gens qui créent : ils inventent, fabriquent, cultivent, réparent, soignent, enseignent, codent, construisent.

Et il y en a d'autres qui captent : ils spéculent sur des actifs improductifs, empilent des holdings dormantes, déplacent des dividendes dans des boîtes aux lettres exotiques, jouent avec la loi comme on joue avec un Rubik's Cube.

La fiscalité souveraine remet les choses dans l'ordre :

- Le travail est protégé.
- L'entreprise productive est sécurisée.
- La spéculation stérile devient une source assumée de financement du Bien Commun.

Ce n'est pas une croisade anti-riches. C'est une croisade anti-rente improductive. L'Économe donne à la rente un choix simple : **payer**, ou **investir dans la Nation**.

C'est ici que les trois grands comptes d'épargne entrent en scène.

VII. Les trois grands comptes d'épargne : une Nation qui investit dans sa propre souveraineté

L'épargne française dépasse **6 000 milliards**. Elle ne peut plus rester immobile. Elle doit devenir un instrument de continuité.

---

1) Le Compte d'Épargne Souveraine (CES)

Plafonné à **200 000 €** par titulaire, durée **10 à 20 ans**, rémunéré, sécurisé par l'État, transmissible sans frais, partiellement défiscalisé à la clôture.

Il finance : énergie, industrie, numérique, défense, espace, océans, technologies critiques.

---

2) Le Compte d'Épargne Résilience (CER)

Plafonné à **200 000 €**, durée **5 à 8 ans**, renouvelable.

Il finance : maisons de santé, écoles rurales, réseaux (eau, voirie, numérique), mobilités, petites industries territoriales, associations, paysages.

3) Le Compte Épargne Industrie Souveraine (CEIS)

Réservé aux industriels/entrepreneurs/dirigeants, à partir de **250 000 €**, durée **15 ans**, renouvelable.

Il finance : robotique, semi-conducteurs, cyberdéfense, IA, matériaux critiques, biotech, recherche fondamentale, défense.

Ses bénéfices ne sont pas fiscalisés. Il n'entre pas dans le patrimoine imposable.

VIII. Les taxes comportementales : quand le superflu finance le Bien Commun

La souveraineté fiscale ne repose pas seulement sur les grandes assiettes. Elle repose aussi sur une règle morale simple : ce qui fragilise le lien social, ce qui pollue, ce qui abîme la santé, ce qui relève de l'ostentation, contribue davantage.

Principe

On ne demande pas un euro de plus à celui qui peine à finir le mois.

Mesures

- Contribution symbolique mensuelle sur les abonnements mobiles : financement du Cloud National et de la cybersécurité.
- Taxes de séjour des palaces multipliées par 10 : Fonds de Résilience Territoriale.
- Surtaxe sur luxe (yachts, jets privés, ultra-premium) : responsabilité assumée au sommet.

- Prélèvement additionnel de 12 % sur recettes jeux/tabac/alcool : santé, prévention, sécurité locale.
- Micro-taxe sur colis importés hors UE : transition écologique et souveraineté industrielle.

IX. Les taxes environnementales : faire payer le coût réel du monde que l'on abîme

Deux leviers structurants :

- Taxe d'extraction sur granulats : **1 € / tonne** (330 millions de tonnes → environ 330 M€ / an).
- Taxe sur déchets importés non inertes : **10 € / tonne** (1,4 million de tonnes → environ 14 M€ / an).

Une part va au Fonds Souverain (recyclage, réemploi, construction bas-carbone).
Une part va au Fonds de Résilience Territoriale (infrastructures fragiles, littoraux, montagnes, routes, ponts).

X. La Contribution Qualité Souveraine : ne plus importer n'importe quoi, à n'importe quel prix

La Contribution Qualité Souveraine (CQS) fixe une frontière morale :

- Les produits non conformes aux standards sanitaires, sociaux et écologiques français/européens supportent une contribution additionnelle à l'entrée.
- Le niveau varie selon la gravité, jusqu'aux violations manifestes (travail forcé, pollution massive, contrefaçon dangereuse).

Les recettes servent à renforcer les filières nationales respectueuses des normes et à protéger le consommateur.

XI. Restauration, emploi et TVA : la bataille silencieuse de la table

- Taux réduit maintenu pour la restauration assise, structurante, formatrice.
- Taux normal appliqué à la restauration de rue standardisée et aux chaînes qui ne structurent ni formation ni emploi qualifié.
- Titres-restaurant réservés aux vrais restaurants.

On ne pénalise pas la restauration populaire : on valorise ce qui forme, embauche et tisse le lien social.

XII. Dire la vérité aux fraudeurs et aux faux expatriés

La fraude fiscale massive n'est pas une « optimisation ». C'est un vol.

Une période de régularisation limitée est ouverte : déclarer, rembourser, verser une contribution exceptionnelle, tourner la page.

Au-delà :

- Poursuites pénales systématiques.
- Confiscations.
- Et pour les grandes fraudes organisées : déchéance nationale.

Même vérité pour les faux expatriés : l'impôt suit l'activité réelle, pas la boîte aux lettres.

XIII. Les flux cachés : délocalisations cyniques, subventions détournées, économies criminelles

- Toute entreprise largement subventionnée qui délocalise cyniquement rembourse les aides perçues sur dix ans.
- Les faillites frauduleuses entraînent confiscation du patrimoine lié aux détournements.
- Les économies criminelles financent sécurité et prévention via confiscation pénale automatique.

XIV. Les fondations : de la jungle philanthropique à quinze piliers nationaux

- Quinze à vingt fondations nationales maximum, chacune dédiée à un champ majeur (santé, handicap, recherche, culture, jeunesse, environnement, territoires, Outre-mer, sport, patrimoine).
- Antennes départementales pour relier la générosité au terrain.
- Exonération fiscale à 80 % conditionnée à transparence, efficacité, contrôle démocratique.

XV. Les ressources structurelles : la colonne vertébrale assumée

- TVA simplifiée :
    - 20 % (normal)
    - 10 % (logement/mobilité)
    - 7 % (alimentation de base, culture, énergie essentielle, santé/éducation), complétée par TVA écologique / souveraineté.

- Taxes indirectes fléchées : résilience territoriale, santé, Fonds Souverain.
- Droits de douane modernisés (anti-dumping, carbone, CQS).
- Contribution des entreprises réorientée : base CA + complément bénéfice, bonus/malus clairs.
- Fiscalité écologique : pilier durable de financement de la transition et de la résilience.

XVI. Cryptomonnaies et nouveaux risques : de la naïveté à la vigilance

- Recrutement d'experts.
- Veille sur bulles, flux criminels, risques systémiques.
- Régulation claire (intervenir, freiner, bloquer, orienter si nécessaire).
- Réflexion sur un actif numérique souverain, sans remplacer l'euro.

XVII. L'impôt sur le revenu refondé : simple, assumé, générationnel

1) Moins de niches, plus de clarté

Les niches injustes/inefficaces/corporatistes sont progressivement supprimées. Les dispositifs vraiment utiles sont conservés, recentrés, compréhensibles.

2) Un barème court, stable, lisible

- Jusqu'à 15 000 € → 0 %
- 15 001 à 20 000 € → 6 %

- 20 001 à 25 000 € → 10 %
- 25 001 à 40 000 € → +1 % par tranche de 5 000 €
- 40 000 à 80 000 € → +3 % par tranche de 10 000 €
- Au-delà de 80 000 € → 33 %

3) Justice générationnelle

- À partir de 5 000 € de retraite mensuelle par couple : renforcement selon le barème.
- Veuves/veufs : pas de changement de part.
- Quotient familial : +0,5 part par enfant à compter du deuxième.

4) Patrimoine immobilier

Le patrimoine immobilier net (hors résidence principale modestement évaluée) contribue par majoration de 1 % par grande tranche de 400 000 €.

5) Taxe foncière : stabilité

La taxe foncière n'est pas modifiée : stabilité territoriale, proximité, vie réelle.

XVIII. La Justice du Sol : restaurer la vérité de la propriété

I. La réforme

- Contribution unifiée sur chaque vente : **+2 %**.
- Modulation anti-spéculation : **+2 %** en cas de revente < 12 mois.

II. Les garde-fous

Pas de +2 % dans les situations de vie : divorce, mutation imposée, licenciement, invalidité, maladie grave, décès, héritage, logement indigne, projets sociaux, SCI familiales modestes, artisans/TPE, commerces vitaux.

III. Cohérence avec le CHU et les SCI patrimoniales

Contribution CHU majorée pour SCI à vocation strictement spéculative (assise foncière au-delà d'un seuil national, captation manifeste).

IV. Affectation

Centres-villes, commerces essentiels, patrimoine rural, logements, routes et ponts, lutte contre vacances et les friches, logement, étudiant et saisonnier, dispositifs anti-spéculation.

V. Littérature civile

« Il n'y a pas de Nation sans terre, pas de ville sans regard posé sur ses pierres, pas de village sans la fidélité de ses maisons. Quand le sol devient une mise, le pays devient une salle de jeu. Quand il redevient un Bien Commun, la Nation retrouve ses fondations. La réforme des droits de mutation n'est pas une taxe. C'est un rappel. Un rappel que la France tient debout parce que son territoire tient debout. Et que ce qui circule dans nos actes notariés n'est jamais qu'une fraction de ce que nous devons à ceux qui ont construit ces rues, ces villages, ces quartiers, et à ceux qui y vivront demain. »

VI. Conclusion partielle

Le sol cesse d'être un marché. Il redevient une promesse.

Conclusion du chapitre VIII— L'Économe, ou l'art de rebâtir un pays sans en briser l'âme

Il fallait un mot qui n'existait plus dans notre vocabulaire politique : l'Économe. Non pas un comptable crispé, non pas un ministre des Entraves, mais celui qui veille, celui qui ne confond jamais rigueur et austérité, celui qui refuse que la France vive en ponctionnant l'avenir de ses enfants pour payer les manques de courage d'hier.

Pendant quarante ans, notre République a appris à naviguer dans une maison dont les murs fuyaient de tous côtés. Chaque réforme colmatait une fissure, jamais les fondations. Chaque gouvernement ajoutait une taxe, supprimait une niche, bricolait une exception, sans jamais toucher au plan du bâtiment. Et l'on s'étonnait ensuite que les comptes sociaux s'effondrent, que la dette enfle, que les travailleurs doutent, que les jeunes renoncent.

L'Économe rompt avec cette logique de rafistolage. Il reprend le plan, ligne par ligne, poutre par poutre.

Il dit d'abord une vérité simple : l'impôt n'est pas une punition. C'est ce qui relie les hommes entre eux et les rattache à leur nation. Il n'est injuste que lorsqu'il devient l'art de certains d'y échapper, et le devoir des autres de le supporter.

Il comprend que le pays ne manque pas de richesses — 2 920 milliards de PIB, 4 250 milliards de chiffre d'affaires, 6 000 milliards d'épargne — mais il manque de cohérence, de lisibilité, de vérité. Et il reconstruit.

Il invente la Carte biométrique, non pas pour surveiller mais pour garantir. Il construit le Cloud national, non pas pour stocker mais pour protéger. Il crée le Compteur d'Heures Universel, non pas pour compter, mais pour reconnaître.

Il libère la feuille de paie de la CSG et de la CRDS. Il replace la solidarité sur une base plus large : le chiffre d'affaires, plutôt que la seule masse salariale. Il oblige la rente improductive à choisir : contribuer ou investir. Il donne à l'épargne un rôle de souveraineté. Il réarme la fiscalité écologique comme vérité physique. Il affecte les ressources à des fonds, et non à des trous.

Il ose enfin la vérité aux fraudeurs : la République ne sera plus le terrain de jeu de ceux qui savent contourner l'impôt. Elle sera la maison commune de ceux qui assument de la financer.

Et à la fin, qu'a-t-il fait ? Il n'a pas inventé un nouveau système fiscal.

Il a réaccordé la France.

Il a redonné au prélèvement un sens, à la protection sociale un socle, au travail une dignité, à l'épargne une mission, aux territoires une respiration, à l'État un horizon.

Et c'est ainsi qu'une nation se relève : non pas en criant plus fort, mais en reconstruisant pierre après pierre une architecture digne de l'avenir qu'elle veut offrir.

« L'impôt n'est légitime que lorsqu'il est compris. »

CHAPITRE IX —Le continuum travail & activités humaines.

La République qui reconnaît enfin la valeur du temps.

Préambule : Quand une Nation comprend que sa plus grande richesse, ce n'est pas l'argent : c'est son temps humain.

Il existe dans l'histoire des nations un moment où tout se fissure : le moment où le travail ne nourrit plus la dignité. Pendant quarante ans, la France a vécu cette fracture silencieuse.

Nous répétions que « le travail paie » mais, dans le secret des fiches de paie, la vérité disait l'inverse un salarié modeste finançant plus de solidarité qu'un détenteur de rente, un hôpital finançant plus de dette sociale qu'un portefeuille financier, une infirmière finissant le mois épuisé pendant qu'un propriétaire de SCI échappait, grâce à un bon avocat, à l'essentiel de l'effort collectif.

Nous avons construit un monde où le salaire est devenu la variable d'ajustement de la solidarité, alors même que la richesse du pays venait de bien plus large : le chiffre d'affaires des entreprises, les rentes immobilières, les dividendes, les ventes éclairs de foncier, les plus-values, les montages fiscaux, les holdings opaques, les importations massives.

Le travail a servi de digue à la place du courage politique. Et quelque chose s'est cassé, le lien entre la Nation et ceux qui la font vivre.

Le Continuum Travail est né de cette prise de conscience, la République ne survivra pas longtemps si elle ne rétablit pas la valeur du temps humain.

I. Le Big Bang social et économique français : retirer du travail tout ce qui n'avait rien à y faire.

C'est l'acte le plus radical depuis 1945. Non pas un ajustement. Une rupture.

La CSG disparaît de la fiche de paie. Elle cesse d'être un impôt sur le travail. Elle devient un impôt sur la rente, le capital, les dividendes, les plus-values, les portefeuilles, les revenus immobiliers supérieurs, les retraites très hautes.

Le CRDS disparaît elle aussi du travail. La dette sociale n'est plus payée par le smicard, par l'aide-soignante, par le professeur des écoles. Elle est financée par ceux qui ont capté la richesse sans contribuer à l'effort national.

Les exonérations Fillon sont supprimées. Elles avaient transformé les bas salaires en outil de compétitivité. La République du Bien Commun assume une vérité morale, un pays ne prospère pas en subventionnant la pauvreté.

Le travail cesse d'être le guichet de financement d'un système devenu bancal. Il redevient ce qu'il aurait toujours dû être, le socle de la dignité et de la souveraineté.

II. Le Compteur d'Heures Universel, la première monnaie des droits humains.

La France tourne la page d'un système absurde, celui qui comptait les vies en trimestres, sans voir les heures passées à aider un parent, à travailler de nuit, à se former, à s'engager, à tenir un service public.

Le CHU transforme la manière même de mesurer une vie contributive.

Chaque heure compte. Chaque heure existe. Chaque heure ouvre des droits.

Les heures salariées, les heures indépendantes, les heures supplémentaires, les gardes à l'hôpital. Les dimanches, les astreintes, les aides à un proche, le service national. L'engagement civique, la formation, la reconversion, le bénévolat, tout ce qui constitue du temps consacré au Bien Commun redevient la première richesse de la Nation. La France passe d'une logique bureaucratique à une logique humaine.

III. Le financement social : l'assiette large, juste, non délocalisable.

Aujourd'hui, 888 milliards de prélèvement financent la politique sociale en France. Mais cette somme repose presque exclusivement sur la masse salariale brute nationale, 1 400 milliards pour financer 888 milliards de droits. C'est une anomalie mondiale.

Nous faisions reposer la solidarité sur la partie la plus fragile de la valeur, le travail.

Le Continuum Travail corrige cette erreur historique.

L'assiette principale devient le chiffre d'affaires national et son socle de 4 250 milliards d'euros. Une assiette impossible à délocaliser ; Impossible à dissimuler ; Indépendante de la forme juridique de l'activité ; Proportionnelle à la valeur réellement créée.

Ajustement sur les bénéfices. Pour saisir les montages ingénieux, éviter les fausses pertes, capter les flux spéculatifs, reconstituer une réserve sociale nationale.

L'État et les collectivités contribuent aussi. Car leurs agents bénéficient des mêmes droits sociaux que les autres salariés et qu'il est nécessaire de voir l'état, les collectivités avoir une gestion raisonnée de ses effectifs et de ses organigrammes

Les SCI, holdings, fondations, coopératives, indépendants contribuent également. Fin de l'ère où les "coquilles vides" servaient à esquiver la solidarité nationale. Ce que protège la République, elle ne peut plus le laisser financer par les seuls salariés.

IV. Les effets immédiats sur les comptes de la Sécurité Sociale.

Et sur la dépense publique

Réduction massive des fraudes et doublons grâce à la Carte biométrique + Cloud national. Aujourd'hui, selon les rapports successifs :

- Fraude aux prestations : entre 8 et 14 milliards €.
- Fraude à la carte Vitale : 5 à 7 millions de cartes actives en trop.
- Fraude aux soins transfrontaliers : non mesurée, mais structurelle.
- Erreurs administratives et doublons : jusqu'à 2 à 4 milliards €.

- Fraude aux congés maladie : 1,2 à 2 milliards €.

La combinaison Carte biométrique + Cloud national :

- Supprime les identités multiples.
- Sécurise les droits.
- Croise les fichiers.

Donne une vérité unique à chaque situation administrative.

→ entre 12 et 20 milliards d'économies structurelles par an d'après les modèles prudents.

L'unification des 42 caisses la fin de la fragmentation, économies structurelles.

- Coût de gestion actuel des 42 caisses ≈ 10 milliards par an (estimation cumulée).
- Coût de gestion d'un système unifié ≈ 3,5 à 4 milliards (référence aux systèmes nordiques).

→ 6 milliards d'économies annuelles récurrentes.

Fin du travail dissimulé : Un gain colossal, selon toutes les estimations.

- Travail non déclaré : 60 à 80 milliards de CA.
- Manque de cotisations : 8 à 12 milliards par an.

Le passage à un financement via le CA + bénéfices supprime l'incitation à tricher.

→ 8 à 12 milliards récupérés.

Total des gains structurels pour les comptes sociaux : = entre 26 et 38 milliards par an. C'est la première réforme française qui finance la Sécurité sociale par réduction des abus, non par réduction des droits.

V. La retraite unifiée : la fin des 42 régimes, la naissance du droit commun.

Grâce au CHU :

- Les parcours discontinus ne sont plus pénalisés.
- Les femmes reprennent l'avantage.
- Les aidants accèdent à de vrais droits.
- Les indépendants cessent d'être des oubliés.

L'âge n'est plus un couperet mais un choix éclairé.

Une heure = un droit. Le système cesse d'être corporatiste. Il devient républicain.

VI. Le Big Bang économique : la plus puissante relance depuis 1945.

Hausse immédiate du salaire net grâce à la disparition de la CSG de la CRDS soit une augmentation de + 8 à +12 % de salaire net en moyenne.

Baisse du coût du travail pour l'entreprise, sans baisse des droits sociaux, sans casse sociale, simplement par le déploiement d'une assiette mieux calibrée.

Explosion de l'emploi Parce que le travail devient rentable, la feuille de paie est simplifiée, le coût marginal d'un emploi baisse, la fraude devient inutile, Les heures d'aidant, de formation, de reconversion comptent réellement.

Reconstitution de l'assiette fiscale : Plus d'emplois → plus de consommation → plus d'activité → plus de CA → plus de recettes pour le CHU et le budget de l'État.

VII. Les outils de souveraineté : Le triptyque des comptes d'épargne.

Déjà traités dans le chapitre fiscal :

- Compte Epargne Souverain
- Compte Epargne Résilience
- Compte Epargne Industrie Souveraine

Ici, ils deviennent la condition du continuum travail, ils transforment le chômage en reconversion, l'inactivité en formation, le découragement en montée en compétences, le temps libre en investissement national.

VIII. Le message de l'Économe : La République ne punit plus l'effort, elle le sacralise.

Pour la première fois depuis cinquante ans, la France se dote, d'un financement social pérenne, d'un modèle contributif universel, d'un système de retraite juste, d'une feuille de paie lisible, d'une fiscalité qui protège le travail, d'une solidarité qui ne repose plus sur les seuls salariés.

Le travail n'est plus une blessure. Il redevient un honneur. La rente n'est plus une échappatoire. Elle redevient une responsabilité. La solidarité n'est plus un poids. Elle redevient une promesse.

Et la Nation n'est plus divisée. Elle redevient un corps commun.

Conclusion du chapitre IX —Quand la nation refonde son pacte social avec clairvoyance.

La France retrouve son pacte fondateur, le temps humain vaut plus que l'argent Le Continuum Travail n'est pas une réforme sociale. C'est un acte de civilisation.

Il dit ceci : Le temps d'un citoyen vaut plus qu'un montage fiscal. La main qui sauve, enseigne, construit, répare, soigne ou protège vaut plus que la rente dormante.

La feuille de paie n'est pas un document comptable, c'est le premier contrat moral entre un peuple et la République.

Avec ce chapitre, la France cesse d'être un pays qui survit sur l'endettement du futur, pour devenir un pays qui investit dans la dignité du présent. Une Nation debout, qui remet le travail à sa juste place, au cœur de la souveraineté.

« Le travail n'a de valeur que s'il reconnaît l'homme. »

CHAPITRE X—Le continuum associatif & solidaire.

La République qui relie, qui soigne, qui rassemble.

Il existe dans un pays une force que les chiffres ne peuvent saisir, mais sans laquelle aucune civilisation ne tient debout : l'engagement volontaire, l'énergie des autres, la main tendue sans facture. Cette force, c'est la vie associative, et la France en possède une des plus riches, des plus anciennes, des plus créatives du monde.

Mais depuis trop longtemps, cette force vit dans l'ombre, des dossiers interminables, des subventions aléatoires, des règles changeantes, une complexité qui épuise ceux qui donnent tout et ne demandent rien.

La République du Bien Commun met fin à cette négligence historique. Elle reconnaît que le tissu associatif, culturel, sportif et solidaire est une infrastructure nationale, au même titre que les routes, les hôpitaux ou les réseaux électriques.

Le Continuum Associatif & Solidaire en est le cadre fondateur.

I. Le CHU : la République reconnaît enfin la valeur du temps donné.

Dans l'ancien monde, l'engagement bénévole était invisible. Il formait des générations, soutenait les familles, sauvait des vies mais il n'avait aucune existence dans les droits sociaux, dans la retraite, dans les parcours de vie.

Le Compteur d'Heures Universel (CHU) change tout.

Désormais :

- Chaque heure d'entraînement d'un enfant.
- Chaque heure d'accompagnement d'un aîné isolé.
- Chaque heure de culture partagée.
- Chaque heure de bénévolat.
- Chaque heure d'écologie citoyenne.
- Chaque heure passée à réparer, aider, transmettre, compte pour la Nation.

Ce n'est pas une rémunération. C'est un pacte moral : « Votre temps offert à la France fait partie de votre vie républicaine. Il ouvre des droits. Il bâtit votre retraite. Il construit le Bien Commun. »

Le CHU devient la première monnaie du lien humain.

II. Un ministère de plein exercice : la Vie Associative comme pilier de civilisation.

La République du Bien Commun crée un ministère dont la France n'avait jamais osé se doter. Le ministère de la Vie Associative, du Sport, de la Culture et de la Citoyenneté Solidaire.

Un ministère qui rassemble, gère, développe le mouvement associatif dans l'ensemble de ses composantes, le sport, le culture, l'éducation populaire, l'économie sociale et solidaire, les fondations et l'ensemble des structures rattachées Drajes, Sdjes, Agence Nationale du Sport, Drac.

Un ministère organisé autour de pôles d'excellence et de performances pour le sport, la culture & mémoire. Les services déconcentrés sont réorganisés pour que l'action gagne en proximité, en efficacité, en mission. Sa mission générale est simple, faire de la France une nation sportive, une nation culturelle, une nation solidaire.

III. Le Service Civique augmenté : un temps long pour apprendre à servir.

Le service civique devient un contrat d'engagement républicain, transformé :

- 15 heures par semaine.
- Sur 18 à 24 mois.
- Indemnisé, formateur, professionnalisant.
- Intégré au CHU.
- Relié à l'emploi associatif.

Ce n'est plus une parenthèse. C'est une entrée dans la vie civique, une formation à la responsabilité et une source d'emplois.

IV. La fin des exonérations Fillon : une transition juste pour les associations.

La disparition de la CSG, de la CRDS et des exonérations Fillon modifie le financement des associations. Mais la République compense :

- Cotisations au CHU portées au minimum légal.
- Aides à l'emploi recalibrées selon le modèle économique, non selon l'âge ou la durée du contrat.
- Soutien spécifique aux petites structures rurales, sociales, sportives et culturelles.

Un club handisport n'a pas besoin d'un CDI de 35 h, il peut avoir besoin d'un CDD de 12 h. Le dispositif devient modulable, humain, adapté. L'État n'impose plus des normes aveugles, il accompagne l'action réelle.

V. 500 000 emplois associatifs, culturels et sportifs : le plus grand plan de création d'emplois non délocalisables depuis les Trente Glorieuses.

Sous pilotage interministériel (Éducation, Santé, Territoires, Culture, Vie Associative), la République lance un plan sur dix ans :

→ **500 000 emplois** créés dans les associations, fédérations, coopératives, clubs, musées, bibliothèques, tiers-lieux, maisons de santé et structures d'inclusion.

Les emplois sont financés :

- Par le Fonds de Résilience Territorial.
- Par le Fonds Souverain (prêts pour les grandes structures).
- Par les cotisations CHU.
- Par les fondations territoriales.
- Par les collectivités (compétence obligatoire).
- Par l'économie sociale et solidaire.

Ce plan sert trois objectifs nationaux :

- Une jeunesse formée et employée.
- Un pays plus sportif, plus cultivé, plus solidaire.
- Un renforcement massif de la prévention santé.

VI. Un financement clair, tripartite, stabilisé.

Une association employeuse pourra recevoir :

- Une subvention de fonctionnement – pour exister.

- Une subvention de développement – pour grandir ou se restructurer.
- Une subvention d'équipement – salles, matériels, lieux, numérique.

Les dons sont simplifiés, tracés, sécurisés. Les Fondations Territoriales du Bien Commun (80 % d'exonération fiscale) deviennent le bras financier local.

Les entreprises sont obligées de contribuer au développement culturel et sportif, de soutenir les fondations territoriales, d'intégrer un programme sport-culture-santé dans leur politique interne. La responsabilité sociétale des entreprises sera une exigence nationale.

VII. La réforme du sport : mettre fin à la France à deux vitesses.

Le sport français était devenu un paradoxe, le sport amateur mourait de pauvreté pendant que le sport professionnel s'envolait vers l'irréalisme économique.

Le Continuum Associatif & Solidaire impose :

- Le regroupement de l'ensemble des structures déconcentrés de l'état et un audit général des modes de fonctionnement et de financement des associations évoluant dans leurs champs d'application.
- La primauté des financements doit aller à l'action et aux structures organisées sur les territoires, les association employeuses bénéficieront d'un accompagnement renforcé.

Le sport doit redevenir soutenable.

Ouverture au modèle coopératif pour les clubs professionnels. Afin de reconnecter le sport de haut niveau avec les territoires.

Lutte intensifiée contre dopage, violences, dérives financières, supportérisme violent, paris truqués, radicalisation. Une politique sécuritaire coordonnée Sport–Justice–Intérieur.

Interdiction absolue de rémunérer un joueur amateur sans fiche de paie

En cas d'infraction : suspension CHU, → pénalités, → requalification. Le travail dissimulé ne sera plus toléré.

VIII. La culture : une république de création, de mémoire et de transmission.

Trop longtemps, la culture a bénéficié d'aides inégales, concentrées sur les plus grosses institutions.

Le Continuum rétablit l'équité :

- 1 € pour le sport = 1 € pour la culture.
- Pass culture et Pass sport à 100 € jusqu'à 18 ans pour les familles modestes.
- Création de pôles de mémoire vivante (résistance, migrations, luttes sociales, Outre-mer).
- Soutien aux bibliothèques, archives, musées locaux.
- Sécurisation du statut des intermittents tout en créant des voies alternatives (CDD–CD2I financés sur 10 ans).

Refondation des opéras nationaux, théâtres et scènes publiques autour d'une mission : accueillir, transmettre, rééquilibrer la création vers les territoires.

La France cesse de confondre prestige et vitalité culturelle. Elle soutient les deux.

IX. L'Économie Sociale et Solidaire : le bras armé du Continuum Écologique & Solidaire.

L'ESS est pleinement intégrée dans la transition écologique, sociale et territoriale :

- La seconde vie devient un pilier national.
- Ressourceries, recycleries, ateliers de réparation : financés par la taxe recyclage, la taxe « seconde vie », la micro-taxe logistique, le Fonds de Résilience.

Jardins partagés, coopératives alimentaires, compostage, fermes urbaines, bénéficieront de soutien structurel pluriannuel, ce sont des infrastructures de souveraineté alimentaire à caractère hautement pédagogique.

Chantiers d'insertion environnementaux inclus dans le plan de créations des 500 000 emplois.

Régies citoyennes et coopératives d'habitat Lutte contre la vacance, rénovation écologique, anti-spéculation.

Participation obligatoire de l'ESS dans tout projet écologique public, la transition n'est plus un slogan, elle devient emploi, lien, dignité, économie réelle.

X. Une économie associative libérée : vers un modèle stable, éthique et soutenable

Le tissu associatif constitue un pilier essentiel de l'intérêt général, de la cohésion sociale et de la vitalité territoriale. Pourtant, son

développement économique reste entravé par un cadre fiscal incertain, des pratiques ambiguës et une reconnaissance institutionnelle insuffisante.
Ce chapitre vise à sécuriser, clarifier et assainir l'économie associative, tout en lui donnant les moyens d'agir durablement.

---

1. Sécuriser l'activité économique des associations

Afin de permettre aux associations de diversifier leurs ressources sans remise en cause de leur objet non lucratif, un **seuil national unique de prestations commerciales** est institué :

- **Plafond fixé à 120 000 € de chiffre d'affaires annuel**, hors subventions publiques.
- En deçà de ce seuil, les activités commerciales accessoires sont réputées compatibles avec le caractère non lucratif de l'association.
- Au-delà, une analyse renforcée de lucrativité est déclenchée, accompagnée d'un dispositif d'orientation vers des formes juridiques adaptées.

Cette mesure garantit **lisibilité, sécurité juridique et égalité territoriale**.

---

2. Simplifier et sécuriser le régime des buvettes associatives

Les buvettes constituent une ressource traditionnelle mais juridiquement fragile pour de nombreuses associations sportives et culturelles.

- Implémentation d'un **régime fiscal et déclaratif simplifié**, harmonisé au niveau national.

- Clarification des autorisations temporaires et suppression des interprétations locales contradictoires.
- Responsabilisation des organisateurs par un cadre clair, stable et contrôlable.

L'objectif est de **mettre fin à l'insécurité juridique** sans encourager des pratiques à risque.

---

3. Lutter contre les dérives financières et protéger l'éthique associative

Le détournement du régime du don à des fins commerciales fragilise l'ensemble du secteur.

- Renforcement des contrôles sur le **sponsoring déguisé en don ouvrant droit à avantage fiscal.**
- Sanctions financières et fiscales renforcées en cas de fraude caractérisée.
- Protection des associations respectueuses du cadre légal, aujourd'hui pénalisées par la concurrence déloyale.

Cette mesure vise à **restaurer la confiance** entre associations, partenaires privés et puissance publique.

---

4. Affirmer un principe sanitaire clair : fin de la vente d'alcool dans les associations

Dans une logique de prévention, de santé publique et de cohérence éducative :

- Interdiction progressive et encadrée de la vente d'alcool dans les associations, notamment culturels et sportives.

- Mise en place de dispositifs de compensation financière (fonds de soutien, nouvelles ressources autorisées).
- Promotion d'événements associatifs sans alcool, compatibles avec les valeurs éducatives et citoyennes.

Le sport et l'engagement associatif ne peuvent être durablement financés par des pratiques contraires aux objectifs de santé publique.

---

5. Reconnaître pleinement les structures coopératives comme opérateurs d'intérêt général

Les **SCIC, SCOP et coopératives d'utilité sociale** jouent un rôle croissant dans l'animation des territoires et l'implémentation de politiques publiques de proximité.

- Reconnaissance pleine et entière de ces structures comme **opérateurs publics de proximité**.
- Accès facilité aux marchés publics, conventions pluriannuelles et délégations de service public.
- Articulation renforcée avec le monde associatif pour construire des modèles hybrides, stables et non spéculatifs.

Cette reconnaissance permet de **sécuriser les parcours économiques**, de professionnaliser l'action locale et de préserver l'intérêt général.

Ambition générale

Ce nouveau cadre vise à bâtir une **économie associative libérée de l'hypocrisie**, protégée des dérives, et capable de se projeter dans le temps long.
Il s'agit de donner **des règles claires, justes et adaptées aux réalités de terrain** des associations qui justifient d'une activité importante.

XI. Le rôle des territoires : le sport devient une compétence obligatoire aux mêmes tires que la culture.

Les régions ayant disparu dans la nouvelle architecture territoriale, les responsabilités sont redistribuées comme suit :

- Les départements coordonnent les politiques sportives, culturelles et associatives.
- Les communes et intercommunalités financent au minimum 3 % de leur budget de fonctionnement aux associations.

Les investissements d'équipement sont financés par :

- Prêts d'État à taux réduit (pour équipements structurants) ;
- Fonds Souverain (patrimoine sportif, culturel, rénovations majeures) ;
- Fonds de Résilience (piscines, gymnases, patrimoine local).

Aucun territoire n'est laissé seul.

XII. La dimension morale : protéger la jeunesse, restaurer le consentement.

Comme les grandes universités américaines, la France adopte une culture nationale du consentement, obligatoire dans l'ensemble du secteur associatif sans exception avec un référent par structure déclarée.

Parce que chaque association a connu des dérives, la prévention devient systémique avec des modules obligatoires, des certifications. La protection des mineurs et des femmes contre toutes formes de dérives et de violences seront renforcées.

La République protège ceux qui s'engagent et ceux qui apprennent.

Conclusion du chapitre X —Une République qui se rassemble enfin.

Le Continuum Associatif & Solidaire transforme un pays dispersé en une communauté vivante.

Il affirme, que l'engagement vaut autant que le travail, que le sport vaut autant que la culture, que la jeunesse vaut plus que les habitudes, que la solidarité vaut plus que la bureaucratie, que l'ESS vaut autant que les grandes entreprises, que les territoires valent autant que les centres, que la prévention vaut plus que la réparation.

Ce chapitre est l'acte fondateur d'une France qui respire à nouveau, où l'on ne gouverne plus par dispositifs mais par continuités, où ceux qui donnent sont enfin reconnus, et où la République, pour la première fois depuis longtemps, dit merci à ses propres citoyens.

« S'engager, c'est faire République. »

CHAPITRE XI —Le continuum écologique & climatique

Quand une Nation cesse de subir la nature pour recommencer à l'habiter.

Il fut un temps où la France vivait en harmonie avec ses rivières, ses forêts, ses montagnes, ses vents et ses saisons. Un temps où l'on savait lire les signes du ciel et comprendre la lente transformation des paysages. Un temps où l'on ne redoutait pas la nature, car on la respectait. Puis est venue l'ère de l'oubli. En plusieurs décennies, nous avons épuisé ce qui semblait inépuisable, dérangé des équilibres millénaires, urbanisé sans discernement, arraché des terres nourricières, laissé mourir des rivières et brûler des montagnes. Nous avons cru que la technique suffirait toujours à réparer ce que la puissance humaine détruisait.

La France a découvert trop tard que le réchauffement n'était pas une abstraction mais une blessure. Les glaciers reculent comme s'ils se retiraient d'un monde qui ne sait plus les mériter. Les forêts brûlent comme si elles rendaient leur dernier souffle. Les rivières s'assèchent l'été, débordent l'hiver et ne reconnaissent plus leurs lits ancestraux. Les campagnes ont perdu des millions d'oiseaux, les océans étouffent sous la chaleur et le plastique, les territoires d'Outre-mer subissent chaque année ce que la métropole connaîtra demain.

Alors la République du Bien Commun fait un choix radical : elle ne réparera pas seulement les dégâts. Elle reconstruira un rapport à la nature qui soit capable d'affronter le siècle. Elle fera du Vivant une puissance publique, un pilier stratégique, une continuité nationale. Elle en fera un continuum, parce que plus rien ne peut être pensé isolément : l'eau dépend des forêts, les forêts dépendent du sol, le sol dépend de l'agriculture, l'agriculture dépend du climat, le climat dépend de la mer, et la mer dépend du geste de chacun.

I. Retrouver la France physique, la France qui tient debout.

La France n'est pas un territoire abstrait fait de frontières administratives. C'est une géographie vivante, un chœur de montagnes, de plaines, de deltas, de bocages, de lagunes, de plateaux calcaires et de littoraux mouvants. Sa force vient de cette diversité. Sa fragilité aussi.

La République du Bien Commun pose un principe nouveau : la protection du Vivant n'est plus un supplément d'âme, mais un acte de souveraineté. Une nation qui perd le contrôle de son eau, de ses sols, de ses forêts, de sa biodiversité, de son alimentation, perd son indépendance avant même que ses adversaires ne frappent. Le climat est devenu un enjeu de sécurité nationale. L'écologie n'est plus une morale. Elle est une stratégie.

II. L'eau : la nouvelle frontière de la souveraineté.

L'eau est devenue rare, imprévisible, précieuse. Elle est le Bien Commun par excellence, irréductible à toute logique marchande. Ce qui arrive en France n'est pas conjoncturel, mais structurel : alternance de sécheresses profondes et d'inondations catastrophiques, effondrement des nappes phréatiques, abstraction des glaciers alpins, salinisation des littoraux, pollution diffuse par les nitrates, les microplastiques et les résidus pharmaceutiques.

La France se dote donc d'un Plan National de l'Eau, total, transversal, multigénérationnel. Elle rénove les canaux anciens, restaure les lits des rivières, reconstruit les zones humides, aménage des bassins d'orage dans toutes les métropoles et crée un programme de récupération des eaux pluviales pour que plus aucune ville ne gâche une ressource potable en remplissant ses toilettes. L'État affirme que l'eau ne sera jamais un marché. Elle est un droit, un pilier, une promesse.

Les territoires ultramarins, qui vivent déjà dans un climat de demain, voient leurs systèmes d'approvisionnement et de stockage transformés : citernes intelligentes, stations de dessalement durables, réseaux sécurisés, lutte contre les fuites, réserves anti-ouragans.

Pour la première fois depuis des siècles, la France affronte l'avenir hydrique sans naïveté, avec une ambition de nation-sœur de ses rivières, non leur prédatrice.

III. Les forêts, cathédrales vivantes du siècle.

La forêt française, trop longtemps exploitée comme un stock plutôt qu'un être vivant, est devenue une zone de tension entre sécheresse, parasites, incendies et abandons. Pourtant, elle demeure notre meilleur rempart climatique, notre meilleur puits de carbone, notre plus grande école de biodiversité.

La République du Bien Commun entreprend un plan national de reboisement, de diversification, de modernisation des métiers forestiers, soutenu par la recherche, l'INRAE, les équipes scientifiques du climat, les associations locales, les communes et les chambres professionnelles. Elle adapte les essences, restaure les sols, protège les forêts anciennes, reconstitue les haies, les bocages, les corridors écologiques. Elle redonne à la filière bois une ambition industrielle, afin que la France redevienne une puissance du matériau le plus noble, le plus écologique, le plus identitaire de son histoire.

IV. L'agriculture, matrice de la souveraineté alimentaire.

La France ne peut pas prétendre à la souveraineté si elle dépend du dehors pour nourrir ses enfants. La souveraineté alimentaire n'est pas une nostalgie, c'est la condition de la puissance. Cela impose un quadruple effort : préserver les terres, soutenir les filières, réinventer les pratiques et diversifier les productions.

Les sols doivent être réparés, respectés, rechargés. L'agroécologie, les intrants naturels, les semences locales, la lutte contre l'érosion, les réservoirs de biodiversité deviennent des fondations. Les grandes filières animales, bovine, porcine, ovine, avicole, sont accompagnées dans leur mutation, pour demeurer viables, dignes, humaines, tout en respectant les enjeux climatiques.

Le plan maraîcher national encourage les jardins productifs, les ceintures alimentaires urbaines, les micro-fermes, les coopératives citoyennes, les circuits courts. Le plan semencier protège les espèces anciennes, crée des banques de variétés résilientes et soutient la recherche fondamentale sur les plantes de demain.

L'économie sociale et solidaire, trop longtemps confinée à la marge, entre pleinement dans cette souveraineté : coopératives d'insertion dans le maraîchage, jardins partagés, structures de compostage, ateliers de réparation, fermes pédagogiques, plateformes de récupération alimentaire. Ce monde discret devient un pilier écologique du pays réel.

V. La mer et les Outre-mer, frontières de la planète France.

La France est le deuxième espace maritime du monde. Elle est la gardienne de récifs, de forêts d'algues, de mangroves, de montagnes sous-marines et de pêcheries qui nourrissent des millions de personnes. Pourtant, ses écosystèmes marins sont les plus menacés.

La pêche est réorganisée pour protéger les stocks, encourager le repeuplement, soutenir les métiers traditionnels et restaurer les ports de pêche. Les zones maritimes sont sanctuarisées lorsque nécessaire. La France se dote d'une doctrine de lutte contre les pollutions en mer, contre les trafics, contre les pillages miniers des fonds marins.

En Guyane, l'État reprend le contrôle des fleuves meurtris par l'orpaillage illégal. Les Outre-mer deviennent les avant-postes de la souveraineté climatique : surveillance par drones, renforts de sécurité civile, laboratoires de recherche tropicale, brigades de protection des écosystèmes sensibles. Ils ne sont plus des périphéries, mais des cœurs de France.

VI. Le plan Vigneron de demain : sauver une civilisation.

La vigne est l'un des plus anciens visages de la France. Le changement climatique bouleverse les terroirs, déplace les frontières des cépages, menace des savoir-faire millénaires. Le plan Vigneron national aide les exploitants à s'adapter, expérimente de nouveaux cépages, restructure les appellations lorsque nécessaire, ouvre la voie à des innovations issues d'autres continents sans perdre l'âme du vin français.

La France ne subit plus la transformation du climat : elle la devance, elle la pense, elle la transforme en une nouvelle culture du vin, plus diverse, plus résiliente, mais toujours française.

VII. Une armée écologique : quand la République protège le Vivant comme elle protège ses frontières.

La lutte contre les incendies, les inondations, les glissements de terrain et les tempêtes devient une mission permanente. La France se dote d'une flotte modernisée de Canadair, d'hélicoptères et d'avions de surveillance. Des brigades de drones cartographient les forêts, surveillent les crues, anticipent les ruptures de digues. Les effectifs de la sécurité civile sont augmentés, formés aux risques climatiques du XXIe siècle.

Les métropoles construisent des bassins d'orage, les campagnes renforcent leurs réserves d'eau incendie, les zones de montagne installent des systèmes de protection contre les éboulements. Pour la première fois, le pays prépare avant d'attendre.

VIII. La gouvernance des territoires : une France des sols, des métiers, des savoirs.

La gouvernance écologique n'est plus descendante. Elle devient territoriale, incarnée, organique. Les départements deviennent les chefs d'orchestre du Vivant. Les préfectures garantissent la cohérence nationale, l'unité des interventions, la vitesse de réaction. Les chambres professionnelles deviennent des co-décideurs : agriculteurs, forestiers, pêcheurs, sylviculteurs, ingénieurs hydrauliques, climatologues, paysagistes.

Ce ne sont plus des auditions, ce sont des gouvernances. Ce ne sont plus des consultations, ce sont des alliances. Ce n'est plus l'État seul qui pilote, c'est la Nation tout entière.

IX. Les Fonds Souverain et de Résilience : l'argent qui protège au lieu de compenser.

Le Fonds Souverain finance les grandes infrastructures écologiques : systèmes hydrauliques, réseaux anti-incendie, restauration des grands massifs forestiers, infrastructures littorales, stations de traitement naturelle de l'eau, centres de recherche du climat. Le Fonds de Résilience répare, accompagne, soutient : reconstruction après inondation, restauration écologique de rivières, soutien aux coopératives écologiques, transition agricole, dispositifs de prévention.

L'argent ne vient plus après la catastrophe. Il vient avant, pendant, après, comme une continuité de protection.

X. Le Contrat d'Engagement Républicain écologique : la Nation qui se promet à elle-même.

L'écologie n'est pas un secteur. Elle est une valeur. Elle devient un pilier du Contrat d'Engagement Républicain. Toute structure financée par l'État s'engage à respecter la sobriété, la préservation des sites naturels, la lutte contre la pollution, la transmission des savoirs écologiques. Ce contrat n'est pas une sanction. Il est une ascension morale.

La France reconnaît enfin que la protection du vivant n'est pas une option politique, mais un devoir républicain.

Conclusion du chapitre XI —Le pays qui redevient un paysage.

Le Continuum écologique est plus qu'un programme. C'est un serment. La France cesse d'être spectatrice de son effondrement écologique. Elle devient actrice de sa renaissance.

Elle protège ses sols parce qu'ils la protègent. Elle protège ses rivières parce qu'elles la nourrissent. Elle protège ses forêts parce qu'elles respirent pour elle. Elle protège ses mers parce qu'elles portent sa souveraineté. Elle protège ses enfants parce qu'ils porteront tout cela après elle.

La République du Bien Commun ne promet pas de vaincre le climat. Elle promet quelque chose de plus grand, réapprendre à habiter le monde.

« Nous n'héritons pas de la Terre, nous la tenons en dépôt. »

CHAPITRE XII : Le continuum démocratique

La grande réparation de la voix du peuple.

Il arrive un moment dans la vie d'un pays où les institutions ne tombent pas, elles se vident.

Elles continuent de fonctionner, elles continuent de voter, de siéger, de débattre, mais quelque chose d'essentiel s'est dissous : la confiance intime du peuple dans ceux qui prétendent parler en son nom.

La France n'a pas perdu sa démocratie ; elle l'a dispersée. Elle l'a émiettée en procédures, en commissions, en normes, en habitudes, jusqu'à en faire une mécanique qui tourne encore, mais dont plus personne ne sent la force.

Pourtant, une démocratie n'est pas un décor. C'est une respiration. Un rythme. Une manière d'habiter ensemble un destin commun.

La République du Bien Commun commence par cette vérité simple : le pays ne peut être souverain si le peuple ne l'est plus.

Il ne s'agit pas d'ajouter des institutions, ni de changer la Constitution comme on changerait la peinture d'un mur, mais de refaire tenir la voix du peuple, de reconstruire le lieu où elle se dit, où elle s'affronte, où elle se nuance, où elle s'élève.

Ce lieu, ce sont nos Chambres. Et pour qu'elles parlent encore vrai, il faut les reconstruire à partir de leur sens, pas de leurs sièges.

I. Une architecture démocratique qui respire et contribue à l'effort général de maîtrise des comptes de la nation.

La France retrouve un double cœur politique, mais un cœur clair, épuré, lisible, débarrassé de ses oripeaux inutiles.

L'Assemblée nationale : 400 députés pour dire les courants du pays.

L'Assemblée comptera désormais 400 députés. Non pas pour réduire la démocratie, mais pour la concentrer, la rendre plus nette, plus exigeante.

Elle reste la chambre des courants, des idées, des visions qui s'affrontent, des projets qui s'opposent.

C'est la chambre du mouvement, celle où s'exprime ce que la France veut devenir.

Elle n'est plus l'esclave d'un scrutin qui déforme la volonté populaire, ni la victime d'une proportionnelle qui empêcherait de gouverner. Elle devient un lieu de représentation juste, où la pluralité n'écrase pas la stabilité.

Le Sénat : 350 sénateurs pour incarner les territoires.

En face, le Sénat rassemble 350 sénateurs. Il cesse d'être un symbole poussiéreux, un contre-pouvoir discret, pour redevenir ce qu'il aurait toujours dû être : la chambre des territoires vivants.

Non pas des provinces figées, mais des paysages humains, des départements, des outre-mer, des littoraux, des montagnes, des plaines agricoles, des bassins industriels, des zones marines immenses qui font de la France l'un des plus grands pays océaniques du monde.

Le Sénat ne freine pas : il stabilise. Il n'empêche pas : il protège. Il ne conserve pas : il garantit que le pays reste un pays et non une mosaïque incohérente de préférences régionales.

Deux chambres, deux légitimités, et une seule souveraineté populaire : celle du peuple qui se voit dans ses idées et dans ses territoires.

II. Le tirage au sort : réintroduire la part inaltérable de la Nation.

La République ne peut plus se contenter d'élus professionnels, aussi brillants soient-ils. Il faut réintroduire dans la machine démocratique la part la plus pure, la plus désintéressée, la plus fragile : le citoyen tiré au sort.

Dans chaque chambre, Assemblée et Sénat, une part des sièges est désormais occupée par des citoyens tirés au sort, 30 % par territoire pour le Sénat, 30 % pour Assemblée Nationale en fonction du nombre d'habitants par territoire.

Ils ne doivent rien à personne, n'ont pas de carrière à protéger, n'ont pas de parti à servir, n'ont pas d'ambition à flatter.

Ils sont protégés par un statut clair : aucune condamnation, casier judiciaire vierge, formation complète, statut professionnel garanti, retour assuré dans leur emploi après les trois années de mandat, accompagnement déontologique permanent.

Ils apportent quelque chose que la démocratie française avait perdu : la possibilité que le peuple entre dans le pouvoir sans permission, sans carrière, sans filtre et sans peur. Une extension voir une expérimentation dans les territoires.

Délibération citoyenne : analyse d'un projet de loi, audition d'experts, mise en lumière des impacts réels, formulation d'avis argumentés, propose des référunduns d'initiative populaire. Ils éclairent la décision.

Évaluation et contrôle : évaluation de politiques publiques existantes, contrôle de la réalisation, analyse des effets réels sur la population. Ils renforcent la responsabilité publique.

Avis public formalisé : avis rendu public, motivé, accessible à tous, auquel les élus doivent répondre politiquement. Ils n'imposent pas. Ils obligent à justifier.

Codécision très encadrée : demande de réexamen avant publication du décret d'application, saisine d'une conseil constitution.

III. Des élus responsables, en nombre limités, et formés.

La souveraineté démocratique ne peut renaître que si ceux qui la portent incarnent la probité. Un élu n'est pas un notable : c'est un serviteur.

Ainsi, dans la République du Bien Commun, un élu ne peut pas faire plus de deux mandats identiques, il ne peut cumuler que 2 mandats au choix. Il exerce son mandat dans des conditions encadrées, exigeantes, exemplaires, il bénéficie d'une formation obligatoire : droit, éthique, finances, territoires, il est entouré d'un service déontologique indépendant, il doit se retirer après ses mandats et reprendre une vie normale. Un élu n'est pas propriétaire d'un siège. Il est dépositaire d'un devoir.

IV. L'État doit cesser d'être juge et partie.

La démocratie ne tient debout que si ceux qui servent l'État ne cherchent pas à le conquérir en même temps.

C'est pourquoi la République du Bien Commun impose une règle simple, une règle morale, une règle de civilisation : un haut fonctionnaire doit choisir : servir ou gouverner.

Il ne peut plus écrire les normes le jour et briguer le pouvoir la nuit. Il ne peut plus être l'arbitre et le joueur. Il ne peut plus transformer la puissance publique en tremplin personnel.

Cette séparation n'est pas un détail administratif. C'est l'une des conditions de la souveraineté démocratique : empêcher que l'État soit confisqué par ceux qui devraient le protéger.

V. Une démocratie stable, plurielle, vivante.

La souveraineté démocratique française repose désormais sur un triangle humain clair, les élus, qui assument la décision ; les citoyens tirés au sort, qui rappellent la conscience ; les fonctionnaires, qui garantissent la continuité.

Trois rôles qui ne se confondent plus. Trois légitimités qui ne s'écrasent plus. Trois forces qui se complètent sans se dévorer.

Ce nouvel équilibre rend à la démocratie ce qu'elle avait perdu : sa respiration.

Un Sénat stable, territorial, enraciné. Une Assemblée vivante, inventive, combative.

Des citoyens qui entrent dans les Chambres comme on entre dans un devoir. Des élus limités, formés, déontologiquement encadrés. Une haute fonction publique qui sert sans chercher à régner.

La démocratie redevient un Bien Commun. Un lieu où le peuple ne crie plus devant une porte fermée, mais parle derrière une porte ouverte.

Conclusion du chapitre XII : La souveraineté démocratique, c'est la Nation qui se redresse.

La souveraineté démocratique n'est pas un luxe institutionnel. Elle est la condition de toutes les autres : sans elle, l'énergie vacille, l'économie s'effondre, la justice hésite, la sécurité recule, la culture se disperse, les territoires s'abandonnent.

Mais lorsqu'elle revient, lorsque les institutions respirent, lorsque le peuple se voit, lorsque les élus servent, lorsque les citoyens participent, alors une Nation blessée peut se relever.

Une démocratie n'est jamais aussi forte que lorsqu'elle sait se réinventer sans renier ce qu'elle est.

La République du Bien Commun fait ce choix. Elle offre à la France la possibilité rare de redevenir elle-même : un peuple qui se gouverne, et un État qui écoute.

« La démocratie vit tant qu'elle est pratiquée. »

CHAPITRE XIII—Continuum diplomatique & de souveraineté externe

(Champ présidentiel – continuité stratégique de la Nation)

La souveraineté d'une Nation ne s'arrête pas à ses frontières. Elle se prolonge dans sa capacité à peser, protéger, coopérer et stabiliser son environnement international sans renoncer à elle-même.

Dans un monde redevenu conflictuel, instable et fragmenté, la diplomatie n'est plus un domaine d'influence parmi d'autres : elle est un continuum vital. Elle conditionne la sécurité, l'économie, la paix civile, les flux humains, la crédibilité morale et la capacité d'un pays à durer. Le continuum diplomatique garantit que l'action extérieure de la France ne soit ni erratique, ni opportuniste, ni soumise aux cycles émotionnels, mais inscrite dans une continuité stratégique lisible et assumée.

I. Fonction du continuum

Ce continuum a pour fonction de :

- Assurer la continuité de la voix française dans le monde, au-delà des alternances politiques.
- Garantir que les engagements internationaux servent le Bien Commun national.
- Préserver la capacité de décision souveraine face aux blocs, aux dépendances et aux pressions extérieures.
- Articuler diplomatie, défense, économie, climat, migrations et coopération dans une vision cohérente de long terme.

Il ne vise ni l'ingérence idéologique, ni le repli, mais une coopération souveraine fondée sur l'équilibre, la responsabilité et la stabilité.

II. Champ de souveraineté

Le continuum diplomatique couvre :

- La diplomatie politique et stratégique.
- La défense des intérêts vitaux et des zones de stabilité.
- Les coopérations internationales essentielles (santé, sécurité, climat, recherche).
- La protection des Français, des territoires ultramarins et des infrastructures critiques.
- La gestion souveraine des flux humains (immigration, asile, mobilités), en lien avec les capacités réelles du pays.

Il fait de l'action extérieure non une projection idéologique, mais une prolongation cohérente de l'architecture nationale.

III. Gouvernance et responsabilité

Ce continuum relève constitutionnellement du Président de la République, garant de la continuité de l'État et de la parole internationale de la France.

Il est cependant irrigué par l'Économe, qui en garantit :

- La cohérence morale avec le Bien Commun.
- La compatibilité économique et sociale des engagements pris.
- L'inscription dans le temps long et la transmission intergénérationnelle.

Là où le Président incarne et engage, l'Économe veille, hiérarchise et stabilise.

IV. Principe directeur

Une Nation libre ne cherche ni à dominer ni à disparaître. Elle cherche à tenir.

Le continuum diplomatique organise cette tenue dans le monde, sans naïveté, sans brutalité, sans renoncement.

Il permet à la France de rester une puissance d'équilibre, capable de coopérer sans se dissoudre, de dialoguer sans se soumettre, et de peser sans renier ce qu'elle est.

V. Conclusion du chapitre XIII —Continuum diplomatique & de souveraineté externe

Ce continuum ne produit pas des effets immédiats visibles. Il produit ce qui est plus rare et plus précieux : la durée, la crédibilité et la stabilité.

Une France qui sécurise ce continuum ne promet pas la paix au monde. Elle se donne les moyens de ne pas subir la guerre des autres, et de rester une Nation qui choisit sa place dans l'Histoire.

DOCTRINE—La diplomatie du Bien Commun

I. Notre histoire : empire, libératrice, opportuniste — une lucidité sans haine ni légende.

La France aime se penser comme une puissance morale. Cela est parfois vrai. Mais ce n'est pas toute l'histoire.

La France fut aussi un empire. Un empire vaste, conquérant, souvent brutal, parfois porteur d'écoles, de routes et d'institutions, mais aussi de violences, de dépossession et d'humiliations. Elle libéra certains peuples du joug d'autres empires, tout en en soumettant d'autres. Elle porta la Science, la République et les Droits de l'Homme, tout en exerçant la domination propre à son époque.

La vérité historique n'est ni un drapeau blanc ni un drapeau noir. Elle est une fresque mêlée, faite de lumière et d'ombre. Nous avons été un empire parce que, dans les siècles de puissance, toutes les nations aspirant à compter le devinrent. Nous avons dominé dans un monde fondé sur la domination. Nous avons libéré lorsque la liberté est devenue le langage des peuples. Nous avons été opportunistes lorsque l'histoire se jouait par rapports de force.

Ce passé n'est ni à glorifier ni à effacer. Il est à comprendre. Dans un climat contemporain saturé de simplifications, où la repentance devient parfois une posture réflexe et où l'histoire est transformée en tribunal permanent, certains voudraient réduire la France à ses fautes, d'autres à ses seules gloires. La République du Bien Commun refuse ces deux impostures. Elle n'absout pas. Elle n'accable pas. Elle assume.

La colonisation fut à la fois une extension de puissance et, pour ceux qui la subirent, un drame humain. Elle produisit dans certains contextes des progrès matériels, et dans d'autres des effondrements culturels. Elle fut une part de notre grandeur, et une part de notre chute. La regarder en face n'affaiblit pas la France. La nier l'affaiblirait. La mythifier l'aveuglerait.

Un pays qui s'arrache à son histoire devient un fantôme. Un pays qui en fait une religion devient un fanatique. Un pays qui la regarde avec lucidité peut redevenir souverain.

La France n'est pas seulement ce qu'elle fut. Elle est ce qu'elle a compris de ce passé, et ce qu'elle décide d'en faire aujourd'hui. Elle ne redeviendra jamais un empire, et ne le doit pas. Mais elle peut redevenir une puissance de référence, non par la domination, mais par la cohérence entre ce qu'elle est, ce qu'elle dit et ce qu'elle fait.

Sa vocation n'a jamais été de gouverner le monde, mais de rappeler qu'il peut être transformé sans être asservi. Cette vocation demeure. Elle doit désormais être réinventée dans un siècle qui n'attend plus des puissances qu'elles conquièrent, mais qu'elles éclairent sans renoncer à leur lucidité.

II. L'Europe : pilier de la coopération, non la bureaucratie du soupir.

Trop longtemps, l'Europe fut laissée aux technocrates, aux traités, aux normes, aux directives, comme si elle n'avait plus rien à voir avec la vie des gens. La République du Bien Commun affirme l'inverse : « l'Europe doit redevenir un espace de vie, pas seulement un bureau. »

L'Europe que la France appelle n'est pas celle qui compile les règlements. C'est celle qui soigne, qui protège, qui répond aux dangers du siècle.

Une Europe :

- De la santé, avec des stocks communs, des recherches partagées, des hôpitaux solidaires.
- De la sécurité civile, avec un grand corps d'intervention européen pour les feux, les séismes, les inondations, les pandémies.
- De la protection climatique : forêts, océans, eau, biodiversité.
- De la justice : criminalité transnationale, corruption, fraude.
- De la jeunesse : sport, langues, mobilité, apprentissages.
- De la défense : complémentaire de l'OTAN mais souveraine dans ses choix.
- De la culture et de la recherche, pour que l'identité européenne cesse d'être une abstraction et devienne une expérience quotidienne.

Des industries protégées, des chaînes de valeur sécurisées, d'une concurrence qui ne détruit plus mais régule.

C'est l'Europe des peuples, l'Europe du réel, l'Europe de la vie. Et la France doit en être l'architecte, non la contrariété permanente.

III. La diplomatie mondiale : une troisième voie entre les blocs.

Le XXIe siècle glisse vers une confrontation entre géants. États-Unis et Chine redessinent les sphères d'influence. La Russie projette la force brute. Les émergents négocient leur place.

Entre ces blocs, la France ne s'aligne pas : elle apparaît.

Elle demeure :

- Une puissance médiatrice quand le monde s'enflamme.
- Une puissance d'équilibre quand les blocs se crispent.
- Une puissance d'influence quand les débats s'enveniment.
- Une puissance d'humanité quand les tragédies frappent.

Mais surtout, elle devient la voix de la coopération souveraine, à l'opposé de l'ingérence comme du repli.

La France ne dicte pas, elle forme. Elle n'occupe pas : elle accompagne.

La France ne prend pas : elle construit. Elle ne s'impose pas : elle soutient.

IV. Une immigration de consentement mutuel : humanité sans naïveté, souveraineté sans brutalité.

La migration n'est pas un accident. Elle est la respiration longue des peuples, née de la guerre, des inégalités, du climat, des rêves.

Pendant trop longtemps, la France a vécu la migration comme une fatalité ou une menace. Elle doit désormais la concevoir comme un pacte réciproque, un équilibre, une rencontre.

La République du Bien Commun fonde une politique nouvelle une immigration de consentement mutuel.

Le consentement de la France.

La France accueille en fonction de ses capacités réelles : emploi, logement, éducation, santé. Elle ne subit plus : elle prépare la venue de nouveaux expatriés du monde.

Le consentement de l'arrivant.

Il se forme dans les centres de préparation extérieure aux ateliers : langue, compétences, culture civique, droits et devoirs. Un migrant qui réussit ce parcours n'est plus un clandestin il est un futur expatrié de se la Nation en route vers la France.

L'asile : droit sacré, procédure digne.

Décision en huit mois. Protection pour ceux qui fuient la mort. Retour pour ceux qui n'en relèvent pas. L'asile redevient un acte de fraternité, pas une filière.

L'immigration climatique : un défi du siècle.

Faire naître un statut international, pour protéger un accueil structuré, avec un retour accompagné pour reconstruire. Construire une humanité sans naïveté, une responsabilité sans renoncement, c'est la condition de survie de toutes nos civilisations de notre planète.

V. Les Outre-mer : un trésor géopolitique, pas un angle mort.

Aucune diplomatie française n'est complète sans les Outre-mer. Ils sont :

- Notre seconde surface maritime mondiale.
- Nos avant-postes scientifiques.
- Notre biodiversité la plus riche,
- Nos ponts vers l'Afrique, l'Asie, l'Amérique, l'Océanie.
- Nos espaces stratégiques dans la rivalité mondiale.

La République du Bien Commun les considère non comme des charges, mais comme des forces. Ils deviennent, des hubs climatiques, des centres de coopération régionale, des bases de souveraineté maritime, des sanctuaires de biodiversité, des espaces d'innovation sociale et environnementale.

La Guyane, territoire oublié, devient un pilier d'une nouvelle Europe amazonienne, écologique, scientifique, humaine, laboratoire de souveraineté dans un monde qui bascule.

VI. Une France qui éclaire au lieu de dominer.

La France ne redeviendra jamais un empire, et elle ne le doit pas. Les empires meurent de leur propre démesure ; les nations durables vivent de leur propre lumière. La France n'a pas vocation à imposer sa volonté, mais à proposer une direction ; non à se dresser au-dessus du monde, mais à marcher devant lui avec cette étrange dignité qui la fait écouter même quand elle souffre, même quand elle doute, même quand elle vacille.

La puissance française du XXIe siècle n'est plus une puissance de conquête, mais une puissance de cohérence : la cohérence entre ce que nous sommes, ce que nous disons, ce que nous faisons. Elle repose sur une idée simple et difficile : tenir bon sans écraser, protéger sans enfermer, aider sans s'approprier, accompagner sans dicter, soutenir sans humilier.

La France qui vient n'est ni un gendarme, ni un donneur de leçons, ni une nostalgie. C'est une France qui éclaire. Elle éclaire lorsqu'elle ouvre la voie d'une coopération plus juste.

Elle éclaire lorsqu'elle forme plutôt qu'elle impose. Elle éclaire lorsqu'elle tend la main à un peuple en détresse sans chercher à en faire un vassal. Elle éclaire lorsqu'elle rappelle, inlassablement, que la paix n'est pas l'absence de guerre mais la présence d'une justice possible.

Si la France est encore écoutée dans un monde saturé de forces plus grandes qu'elle, c'est parce qu'aucune autre nation ne sait aussi bien mêler la mémoire et le courage, la lucidité et l'espérance, la fermeté et la douceur. Elle ne cherche pas à dominer : elle cherche à tenir. Elle ne veut pas s'imposer : elle veut durer. Et dans un siècle où les certitudes brûlent plus vite que les forêts, durer est déjà une forme de victoire.

La diplomatie française du XXIe siècle n'est pas une stratégie. C'est une morale. Elle n'est pas une posture, c'est un regard. Elle n'est pas une promesse : c'est une fidélité.

Fidélité à un pays qui, malgré ses fautes, n'a jamais cessé de vouloir plus de liberté, plus d'égalité, plus de fraternité pour lui-même, et pour les autres.

Conclusion du chapitre XIII — C'est ici que la voix de la Nation s'élève.

Il ne parle pas comme un ministre, ni comme un stratège, ni comme un maître du calcul. Il parle comme celui qui sait que les nations meurent d'abord de l'intérieur, lorsqu'elles cessent de croire à ce qu'elles sont, lorsqu'elles se laissent diviser, lorsqu'elles confondent leur fatigue avec leur fin.

L'Économe ne panique pas devant les soubresauts du monde. Il ne s'effraie ni des blocs qui ne s'arment ni des crises qui s'enchaînent. Il sait que les dictatures paraissent solides jusqu'à la minute où elles tombent, et que les peuples malmenés se réveillent toujours plus tôt que prévu.

Il sait que les puissances brutales vieillissent vite, et que la fidélité à un idéal vieillit lentement.

Il dit à la France, « Ne crains pas ta petitesse apparente : elle n'est qu'un trompe-l'œil. Tu n'as pas la force des géants, mais tu as ce que les géants n'auront jamais : une idée de l'homme. Et l'idée de l'homme finit toujours par renverser ceux qui l'avaient oubliée. »

Il dit encore : « Dans un siècle de confusion, la seule stratégie durable est la civilisation. Dans un siècle de vitesse, la seule puissance durable est la durée.

Dans un siècle de prédation, la seule victoire durable est la fraternité. »

Pour lui, la diplomatie n'est pas un théâtre d'ombres ni un concours de puissance. C'est l'endroit où se décide silencieusement si un pays va encore peser sur l'histoire ou disparaître dans la marge des événements.

L'Économe sait que la France ne doit plus chercher à être une superpuissance : elle doit chercher à être une nation majeure. Une nation qui se tient debout par son exigence, par sa probité, par sa constance Une nation qui n'a pas besoin de dominer pour influencer, ni de s 'excuser pour exister.

Et il conclut, non comme un prophète, mais comme un compagnon du long cours : « Le monde n'a pas besoin d'un empire de plus. Il a besoin d'un pays qui se souvient de l'essentiel. Et ce pays peut encore être la France, si elle retrouve ce qu'elle n'aurait jamais dû perdre : la fierté calme d'être utile au genre humain. »

« En diplomatie, l'absence de ligne est déjà une faiblesse. »

— La Task Force. L'ordre discret qui réapprend à la République comment se tenir debout.

Il existe des moments où l'État ne manque ni de lois, ni de compétences, ni même de moyens, mais d'un ordre lisible. Lorsque l'accumulation des dispositifs, des procédures et des strates administratives finit par produire l'effet inverse de celui recherché : la paralysie.

La République du Bien Commun part de ce constat simple : un pays ne se redresse pas par l'ajout permanent de normes, mais par la restauration de sa cohérence interne. C'est dans cet esprit que l'Économe décide la création d'une Task Force.

Il ne s'agit ni d'un organe politique supplémentaire, ni d'un état-major parallèle, ni d'un cabinet d'experts hors-sol. La Task Force est un **instrument temporaire de remise en ordre**, chargé de rendre à l'État sa lisibilité, sa fluidité et sa capacité d'action.

I. Pourquoi une Task Force

L'État français ne souffre pas d'un manque d'intelligence, mais d'une désarticulation progressive. Au fil des décennies, les politiques publiques se sont empilées sans être reliées. Les systèmes d'information ne communiquent plus. Les responsabilités se diluent. Les agents passent plus de temps à contourner les procédures qu'à accomplir leur mission.

Dans un tel contexte, toute réforme sectorielle échoue, car elle s'ajoute à un ensemble déjà saturé. La Task Force répond à cette impasse : **avant de transformer, il faut clarifier**.

Elle intervient en amont des politiques publiques. Son rôle n'est pas de décider à la place des institutions, mais de leur rendre les conditions matérielles, administratives et informationnelles de la décision.

II. Composition : compétence, loyauté, sobriété

La Task Force est volontairement restreinte. Non par élitisme, mais par exigence de responsabilité.

Ses membres sont choisis pour trois qualités précises :

- Une connaissance concrète du fonctionnement réel de l'État.
- Une capacité à travailler hors des logiques de carrière ou de réseau.
- Une loyauté exclusive à la mission confiée.

Ils viennent de l'administration centrale, des territoires, des services de crise, des systèmes d'information, des corps techniques et des fonctions de coordination. Ils ne représentent pas des institutions : ils servent une cohérence.

III. Méthode : voir, relier, simplifier

La Task Force n'intervient pas par annonces ni par symboles. Sa méthode est rigoureuse et progressive. Elle commence par observer les flux réels : circuits de décision, chaînes de financement, systèmes numériques, responsabilités effectives. Elle identifie les doublons, les ruptures de continuité, les conflits de normes, les zones de dilution de responsabilité.

Puis elle agit selon un principe simple : **supprimer ce qui empêche de fonctionner, relier ce qui doit l'être, clarifier ce qui est confus.**

Il ne s'agit pas de réduire l'État, mais de le rendre opérant.

IV. Chantiers structurants

La Task Force intervient prioritairement sur les points qui conditionnent l'ensemble de la transformation :

- **Interopérabilité souveraine** : un État ne peut agir sans système nerveux unifié.
- **Identité administrative républicaine** : sécuriser l'accès aux droits, simplifier les parcours, lutter contre la fraude sans stigmatisation.
- **Alignement des structures sur les missions** : organiser l'action publique selon les continuités réelles (éducation, santé, sécurité, travail, territoires), et non selon des silos hérités.

Ces chantiers ne sont pas idéologiques. Ils sont fonctionnels. Sans eux, ni les continuums, ni le CHU, ni les instruments de souveraineté ne peuvent devenir effectifs.

V. Une fonction discrète mais décisive

La Task Force n'a pas vocation à durer indéfiniment. Elle n'est pas un pouvoir. Elle est un **moment de remise en ordre**.

Elle travaille hors de l'exposition médiatique. Ses résultats se mesurent non par des discours, mais par la capacité retrouvée de l'État à décider, à exécuter et à tenir dans le temps.

Elle n'incarne pas la réforme : elle en rend l'exercice possible.

VI. La responsabilité de l'Économe

La Task Force n'agit pas seule. Elle est placée sous l'autorité directe de l'Économe, garant de la cohérence d'ensemble.

C'est lui qui fixe les priorités, arbitre les tensions, assume les décisions nécessaires.
La Task Force ne remplace pas la responsabilité politique : elle la rend effective.

Conclusion du Livre III — Du chaos des dispositifs à l'ordre des continuums

Il arrive un moment dans la vie d'un peuple où l'on ne peut plus détourner le regard. Les artifices tombent, les habitudes cessent de protéger, et la vérité devient simple : la France ne peut plus se gouverner par empilement.

Depuis des décennies, nous avons laissé la maison commune se couvrir de dispositifs ajoutés les uns aux autres, comme si la complication valait action. Nous avons fini par vivre dans l'ombre d'un État devenu épais et pourtant essoufflé : bavard, fragmenté, et souvent incapable de tenir ses propres continuités. Pierre Mendès-France avertissait : **« Là où manque la clarté, l'ordre n'est qu'un mensonge que l'on se fait à soi-même. »** C'est cette clarté que ce Livre a cherché à rétablir.

Les continuums ne sont pas une réforme supplémentaire. Ils sont un changement de logique. Ils organisent la République selon ce que la vie relie déjà : l'énergie comme condition de souveraineté, l'éducation comme transmission, la santé comme dignité, la justice comme tempo du juste, le travail comme valeur, les territoires comme continuité nationale, l'écologie comme pacte entre générations, la démocratie comme souveraineté vivante.

La France ne manquait pas de talent. Elle manquait d'axe. André Malraux rappelait que **« les civilisations ne meurent que par suicide ».** Le suicide politique moderne n'est pas spectaculaire : il s'installe lorsque l'action publique devient illisible, lorsque l'État se contredit, lorsque la responsabilité se dissout dans la procédure. Les continuums constituent l'inverse exact : une architecture qui relie, hiérarchise, stabilise et rend enfin possible une conduite dans le temps long.

Reste une condition : qu'une telle architecture soit rendue opérante. C'est le rôle de l'outil de mise en ordre décidé par l'Économe : la Task Force. Non pour gouverner à la place des institutions, mais pour remettre l'État en capacité d'agir, désencombrer, clarifier, reconnecter, rendre les flux lisibles et les responsabilités assumables. Sans cet ordre discret, la cohérence resterait un projet ; avec lui, elle devient une méthode.

De Gaulle disait « **il n'y a de politique qu'à partir des réalités ».** La réalité est désormais celle-ci : une Nation ne se redresse pas par des slogans, mais par une architecture, des instruments, et une discipline collective.

Ce Livre III a posé l'ordre. Il a montré comment une République cesse de se disperser et recommence à se tenir. Le Livre IV posera le passage le plus sensible : celui de la transformation sociale et économique, là où la cohérence se mesure dans la justice, le travail, la dignité et le financement du temps long.

Note au lecteur

Du cadre à la preuve

Le Livre III a posé une architecture. Il a montré que la crise française n'est pas d'abord une crise de moyens, mais une crise de cohérence, de continuité et de paradigme.

Les continuums, le Compteur d'Heures Universel, les comptes souverains, la planification de long terme, la reconnaissance élargie du travail et de la contribution sociale ne sont pas des propositions isolées. Ils forment un système cohérent, pensé pour fonctionner ensemble.

Le Livre IV change volontairement de registre. Il ne proclame pas une rupture : il en démontre les effets.

Ce que l'on nommera dans les pages qui suivent **Big Bang social et économique** n'est ni un slogan ni une promesse politique. Il désigne un basculement mesurable produit par un changement de règles fondamentales : la manière dont une Nation reconnaît le temps humain, finance sa solidarité, oriente son épargne, organise sa souveraineté et projette son avenir.

Nous passons ainsi d'une Nation qui gère la peur à une Nation qui éclaire. Non par incantation, mais par transformation effective des structures.

« L'espoir, en politique, naît toujours de la capacité des hommes à commencer. »

Hannah Arendt

LIVRE IV —

Le Choix de l'Économe : la hauteur comme seule protection

Il arrive un moment, dans la vie d'un pays, où l'on ne peut plus penser en gestionnaire. Où l'on ne peut plus ajuster des colonnes, raboter des crédits, déplacer des budgets comme on bouge des meubles dans une maison fissurée. Il arrive un moment où un pays n'a plus besoin d'un comptable, mais d'un architecte, non d'un ministre, mais d'un économe, au sens ancien, celui qui tient la maison, celui qui comprend sa structure, celui qui la protège du temps, des tumultes, des incendies, et même d'elle-même.

Le Livre IV commence ici, dans ce choix radical : refuser la gestion du présent, et construire la protection du futur.

La République du Bien Commun n'a jamais prétendu réduire la France pour la sauver.

Elle affirme exactement l'inverse, il faut agrandir ses fondations pour la rendre imprenable.

Car une nation n'est pas un foyer que l'on chauffe au plus juste. C'est une cathédrale que l'on restaure pierre après pierre, sachant que les tempêtes viendront, et que ceux qui entreront demain doivent trouver un édifice qui tienne debout.

La question n'est donc plus : « Combien cela coûte ? »

La question devient : « Que coûte l'inaction, et combien coûtera demain si nous n'agissons pas aujourd'hui ? »

Les dirigeants d'hier ont regardé la dépense publique comme un gouffre. L'Économe, lui, la regarde comme un outil d'immunisation nationale.

Parce qu'il sait trois choses simples :

Le monde qui vient sera plus instable que le monde que nous quittons. Crises climatiques, pandémies, chocs énergétiques, guerres informationnelles, ruptures d'approvisionnement, migrations climatiques, tensions spatiales, cyberattaques. Rien de ce qui s'annonce n'est linéaire.

Les États qui survivront seront ceux qui auront investi tôt.

Énergie, armée, numérique, santé, éducation, agriculture, recherche, territoires : ce ne sont plus des postes budgétaires, ce sont des conditions de survie.

Ce que la France n'ose plus faire depuis quarante ans : penser grand.

Le Livre IV est le lieu où l'Économe assume ce que personne n'assume plus, l'ambition. L'ambition non pas comme démesure, mais comme stratégie de longévité.

Car il existe deux modèles de sociétés : Celles qui prévoient ; Et celles qui réparent après la catastrophe. La République du Bien Commun ne sera jamais un régime qui guérit après coup.

Elle sera un régime qui protège avant.

C'est pour cela que l'Économe choisit volontairement le scénario maximal, celui qui paraît déraisonnable aux yeux des frileux, mais qui est, en vérité, le seul raisonnable lorsque l'on regarde le siècle en face.

La version haute n'est pas un luxe. Elle est un bouclier économique, un amortisseur géopolitique, un parapluie climatique, et surtout une garantie philosophique : celle de transmettre à nos enfants un pays capable de continuer.

Dans ce Livre IV, nous allons démontrer, ligne après ligne, tableau après tableau — que cette hauteur n'est pas un caprice, mais une nécessité structurelle, une méthode de souveraineté, une hygiène de civilisation.

Les chiffres ne sont pas là pour impressionner : ils sont là pour rassurer. Ils prouvent que la France n'est pas condamnée à la réduction ; elle est appelée à la maîtrise.

La République du Bien Commun n'est pas un rêve idéaliste. Elle est un programme d'ingénierie nationale, résolu, planifié, vérifiable, calculé, soutenable.

Et, surtout, elle est un choix : le choix de ne pas laisser l'avenir décider à notre place.

La doctrine du risque et de la résilience.

Le principe d'anticipation qui fonde l'économie du Bien Commun

Il existe des moments dans la vie d'une nation où le danger ne vient plus seulement de l'extérieur. Il vient du temps lui-même. De ce que le pays n'a pas vu venir, de ce qu'il n'a pas voulu regarder, de ce qu'il a laissé sédimenter dans ses habitudes, jusqu'à ce que l'usure devienne une fatalité.

La France connaît ce moment.

Nous ne sommes pas menacés par un ennemi unique, nous sommes menacés par l'accumulation des risques, les crises énergétiques, les pandémies futures, les cyberattaques, les ruptures de chaînes logistiques, les crises sociales, les migrations climatiques, les dérèglements économiques, les conflits de haute intensité, et, par-dessus tout, l'effritement progressif de la confiance nationale.

Dans d'autres siècles, un État se préparait à une bataille. Aujourd'hui, il doit se préparer à un monde entier qui tremble.

C'est pour cela que l'Économe ne panique pas, il anticipe. Il ne promet pas un horizon sans tempêtes, il construit un navire qui ne sombre pas.

Il sait, comme le général de Gaulle, que « la seule fatalité, c'est que nous renoncions ». Et comme Pierre Mendès-France, que la vérité, même lorsqu'elle dérange, est le premier acte de courage politique. Et comme André Malraux, que les nations meurent de ne pas croire assez à ce qu'elles peuvent encore devenir.

I. Les nations qui survivent sont celles qui pensent en termes de risque, non en termes de confort.

La doctrine du risque repose sur une idée simple, Un pays qui ne prépare pas le pire ne mérite pas le meilleur.

Pendant trop longtemps, la France a administré le présent comme un comptable administre un tiroir-caisse. Elle ajustait, compensait, corrigeait, bricolait, mais jamais elle n'a regardé la ligne d'horizon.

Une nation ne se sauve pas en équilibrant des colonnes, elle se sauve en maîtrisant son destin.

Les chocs qui viennent ne sont pas des accidents, ils font désormais partie du climat du monde. Le XXIe siècle ne sera pas doux : il sera secoué. Et un pays ne sera grand que s'il adopte une économie capable d'absorber ces secousses.

C'est ce que fait la République du Bien Commun.

II. La doctrine du risque : investir haut parce que la tempête sera haute.

L'Économe refuse la logique du moindre effort, il refuse cette paresse qui consiste à faire « juste assez » pour que rien n'explose tout de suite. Car il sait que « juste assez » est une forme moderne de renoncement.

L'investissement haut n'est pas une dépense, c'est une assurance nationale.

On n'investit pas 1 500 à 2 000 milliards parce que l'on serait dépensier : on investit parce que ne pas investir coûtera trois fois plus.

On n'anticipe pas les chocs pour les craindre : on les anticipe pour les traverser debout.

On ne construit pas des EPR, des satellites, des bases en Guyane, des réseaux agricoles résilients, des infrastructures hydrauliques, des filières stratégiques et un continuum associatif par excès : on les construit parce qu'un pays sans marges de manœuvre devient un pays soumis.

III. L'aléa comme règle du siècle : d'où la nécessité d'un État prévoyant.

Le monde ne se contente plus de changer, il se dérègle. C'est cela, le cœur de la doctrine du risque :

Les dérèglements climatiques seront systémiques et toucheront l'agriculture, l'eau, les outre-mer, les littoraux, la Guyane, les frontières maritimes, la pêche, la forêt, les glaciers, la biodiversité, la santé.

Les dérèglements géopolitiques seront permanents et exigeront une armée modernisée, des alliances fortes, un dispositif de défense civile solide, une industrie stratégique autonome.

Les dérèglements économiques seront récurrents et imposeront une souveraineté productive, associative, territoriale, énergétique, logistique.

Les dérèglements sociaux seront rapides et imposeront une réforme du travail, de la solidarité, de la dignité, de la retraite, du lien civique, de l'engagement républicain.

Les dérèglements migratoires seront massifs et nécessiteront une politique d'immigration à consentement mutuel, humaine et maîtrisée, fondée sur des compétences, des projets, des filières d'intégration et des coopérations nouvelles.

La doctrine du risque n'est pas une doctrine de peur, c'est une doctrine d'adulte. Elle dit, ne prétendons pas éviter la vague ; construisons le navire.

IV. La version haute : le choix du courage plutôt que celui de la facilité.

La République du Bien Commun ne choisit pas le scénario minimal. Elle ne prend pas la version « prudente » au sens administratif. Elle prend la version protectrice.

Parce que : Un pays fragile ne choisit jamais la version basse. Il choisit toujours la version haute.

La version haute donne :

- Une souveraineté énergétique solide.
- Une armée crédible en Europe et dans le monde.
- La protection des outre-mer et de la Guyane.
- La bascule agricole et hydrologique nécessaire.

- La rénovation de l'école et de la santé.
- La refondation associative qui évite l'effondrement social.
- La sécurité civile élargie.
- La diplomatie de coopération.
- La biodiversité protégée.
- Un système social pérenne grâce au CHU.

Une économie dont l'inflation est maîtrisée par la production nationale.

La version basse, elle, produit un pays certes moins dépensier, mais plus vulnérable. Or un pays vulnérable ne fait jamais long feu.

V. Le principe : préparer plus large que nécessaire pour ne jamais être surpris.

La doctrine du risque repose sur un principe gaullien, « On ne gouverne pas un peuple pour son confort, mais pour son avenir. »

Elle repose aussi sur un principe mendésiste, « Toute politique qui ne prépare pas l'avenir prépare les crises. »

Et sur une intuition malrucienne, « Les civilisations ne meurent que lorsqu'elles se refusent à ce qu'elles peuvent encore être. »

C'est pourquoi l'Économe investit large, non pour dépenser, mais pour protéger. Non pour rassurer, mais pour durer. Non pour flatter, mais pour transmettre.

VI. Le risque véritable n'est pas d'investir trop, c'est d'investir trop tard.

Ce siècle ne laissera pas de place aux nations indécises. L'hésitation coûtera plus cher que l'audace.

Une France qui n'investit pas massivement en 2028 sera obligée d'investir dans l'urgence en 2035, et de payer trois fois le prix pour réparer ce qu'elle aurait pu anticiper.

L'Économe le sait, la seule chose plus coûteuse qu'un plan d'avenir, c'est l'absence de plan.

VII. Ainsi naît la stratégie macro-économique du Livre IV.

Cette doctrine établit le fondement intellectuel et stratégique qui précède les tableaux.

Elle explique pourquoi :

- L'investissement massif est la forme moderne de la prudence.
- La résilience est la forme moderne de la souveraineté.
- La marge budgétaire est la forme moderne de la liberté.
- La coopération européenne et mondiale est la forme moderne de l'influence.
- La Task Force est la forme moderne de la reconstruction administrative.
- Le CHU est la forme moderne de la justice sociale.
- L'immigration de consentement mutuel est la forme moderne de la dignité réciproque.

Elle donne sens à tout ce qui va suivre, les chiffres, les tableaux, les scénarios. Car une nation ne devient pas grande par ses montants. Elle le devient par sa volonté.

I. Point de départ : la France 2025 (photo macro).

(Ordres de grandeur pour l'ensemble des finances publiques : État + sécu + collectivités)

Indicateur	2025 – Ordre de grandeur
PIB nominal	≈ **3 000 Md €**
Dépenses publiques totales	≈ **1 725 Md €** (≈ 57,5 % du PIB)
– dont investissement public (toutes APU)	≈ **90 Md €** (≈ 3 % du PIB)
– dont dépenses courantes (fonctionnement, transferts, intérêts)	≈ **1 635 Md €**
Recettes publiques (impôts + cotisations)	≈ **1 530 Md €** (≈ 51 % du PIB)
Déficit public total	≈ **195 Md €** (≈ 6,5 % du PIB)
Dette publique	≈ **3 305 Md €** fin 2024 (≈ 113 % du PIB)
Intérêts de la dette (2025)	≈ **55 Md €**, appelés à dépasser **100 Md €** vers 2029 sans changement de cap
Protection sociale (retraites, santé, famille, chômage)	≈ **888 Md €** (2023)
Budget de l'État stricto sensu – recettes nettes	**308,4 Md €** (PLF 2025)
Budget de l'État – charges nettes	**445,0 Md €** (PLF 2025)
Solde de l'État (seul)	**–139 Md €** (≈ –4,5 % du PIB)

Tableau 1 – Situation macro 2025 (scénario actuel).

Commentaire simple : En 2025, la France dépense beaucoup (≈ 57–58 % du PIB), mais investit peu (≈ 3 % du PIB).

- *La protection sociale (≈ 888 Md €) pèse lourd, mais elle repose encore massivement sur le travail salarié.*
- *Les intérêts de la dette sont déjà élevés (≈ 55 Md €) et risquent de doubler en quelques années si rien ne change.*
- *L'État continue à fonctionner dans une logique : on finance le présent en vendant du futur, via la dette.*

II. Hypothèses macro de la République du Bien Commun 2028.

Point de bascule politique : **élection 2027** Première année pleine d'implémentation : **2028**.

On prend des hypothèses prudentes :

- Croissance réelle moyenne 2024–2028 : **≈ 1,8 %** par an.
- Inflation maîtrisée : **1,6–1,8 %** (objectif de stabilité, pas de relance inflationniste).
- Croissance nominale moyenne : **≈ 3,5 %**.

À partir du PIB 2024 ≈ 2 920 Md € (votre base), on obtient en 2028 :

$$PIB_{2028} \approx 2920 \times (1{,}035)^4 \approx 3351 \text{ Md €}$$

Tableau 2 – 2028 dans la République du Bien Commun (scénario central).

Indicateur	2028 – Scénario RBC
PIB nominal	**≈ 3 351 Md €**
Dépenses publiques totales	**≈ 1 843 Md €** (**≈ 55 %** du PIB)
– dont investissement public	**≈ 201 Md €** (**≈ 6 %** du PIB)
– dont dépenses courantes	**≈ 1 642 Md €** (**≈ 49 %** du PIB)
Recettes publiques (impôts + cotisations)	**≈ 1 776 Md €** (**≈ 53 %** du PIB)
Déficit public	**≈ 67 Md €** (**≈ 2 %** du PIB)
Dette publique	**≈ 3 450 Md €** (**≈ 103 %** du PIB)
Intérêts de la dette	**≈ 70–75 Md €** (grâce aux fonds d'épargne souveraine)
Protection sociale (droits constants, financement CHU)	**≈ 930–950 Md €** (droits maintenus, financement élargi)
Part des comptes sociaux financés par le travail	En forte baisse (basculement vers **CHU sur CA + budget**)
Immigration de consentement mutuel	+0,1 à 0,2 point de croissance par an à partir de 2030 (ordre de grandeur)

Commentaire simple :

- *La dépense publique recule en part de PIB (≈ 57,5 % → ≈ 55 %), mais l'investissement est doublé (3 % → 6 % du PIB).*
- *Les recettes augmentent légèrement en part de PIB (51 % → 53 %) grâce à :*
    - *La base large du CHU sur le chiffre d'affaires + budgets publics ;*
    - *Les taxes de rente, de luxe, de comportements, d'environnement ;*
    - *La lutte anti-fraude appuyée sur la carte biométrique et le Cloud national.*

- *Le déficit n'est pas supprimé, mais ramené autour de 2 % du PIB, ce qui permet de stabiliser puis faire baisser la dette en proportion du PIB.*
- *Les comptes sociaux (≈ 930–950 Md €) sont sécurisés :*
  les droits sont maintenus, mais l'assiette change (moins sur le salaire, plus sur la valeur ajoutée et les budgets publics).

III. Le plan d'investissement par Continuum (2028–2037).

On raisonne sur **10 ans**, en **crédits cumulatifs**, pour donner les ordres de grandeur. Ce sont des **investissements supplémentaires** par rapport à la trajectoire actuelle (pas la totalité de la dépense publique).

Total : **≈ 2 060 Md € sur 10 ans**, soit ≈ **206 Md €/an** (≈ 6 % du PIB 2028 en régime de croisière).

Tableau 3 – Investissements supplémentaires 2028–2037 par Continuum.

- **1. Continuum énergétique** ≈ **600 Md €** (EPR, rénovation du parc existant, renouvelables, réseaux, stockage, hydrogène)
- **2. Continuum Défense & Résilience stratégique** ≈ **400 Md €** (LPM musclée, bases en Guyane/Outre-mer, matériel, munitions, cyber, renseignement, sécurité civile)
- **3. Continuum numérique & cognitif** ≈ **150 Md €** (Cloud national, carte biométrique, systèmes interopérables, IA publique, cybersécurité)
- **4. Continuum Éducatif & familial** ≈ **150 Md €** (école, universités, rénovations, internats, formation des enseignants, soutien aux familles)
- **5. Continuum Santé** ≈ **150 Md €** (hôpital, soins de proximité, psychiatrie, médico-social, prévention, numérique de santé)
- **6. Continuum Sécurité–Justice** ≈ **100 Md €** (police, gendarmerie, justice, prisons, équipements, recrutement, prévention)
- **7. Continuum Territorial** ≈ **150 Md €** (mobilités du quotidien, infrastructures locales, petites lignes, désenclavement, équipements structurants)

- **8. Continuum Économique, fiscal & budgétaire ≈ 60 Md €** (réforme fiscale, central d'achats, agence du patrimoine, systèmes de gestion, simplification)
- **9. Continuum Travail & activités humaines (CHU) ≈ 50 Md €** (systèmes de comptage d'heures, bascule des caisses, accompagnement social, pilotage national)
- **10. Continuum Associatif & solidaire ≈ 100 Md €** (plan 500 000 emplois, ESS, coopératives, SCIC, soutien au bénévolat, contrat d'engagement républicain)
- **11. Continuum Démocratique ≈ 40 Md €** (outils de participation, plateformes, conventions citoyennes, tirage au sort, simplification électorale)
- **12. Continuum Écologique & climatique ≈ 100 Md €** (eau, forêts, mer, Outre-mer, Guyane, agriculture de demain, plan vigneron, glaciers, prévention feux/inondations)
- **13. Continuum Diplomatique & souveraineté externe ≈ 60 Md €** (bases, réseaux de coopération, doctrine maritime, moyens diplomatiques, centres de formation, immigration de consentement mutuel)

Total investissements supplémentaires 2028–2037 : ≈ 2 060 Md € (version maximum) soit un effort de 228 Md € sur 9 à 10 ans

---

Commentaire simple :

- *C'est un plan de reconstruction : on double l'investissement public sans exploser la dépense totale, en réduisant le poids du fonctionnement dispersé.*
- *L'énergie et la défense représentent logiquement les deux plus gros blocs, parce qu'elles conditionnent toutes les autres souverainetés.*
- *Le numérique souverain (Cloud + carte biométrique + cybersécurité) est traité comme une infrastructure de base, pas comme un gadget.*
- *Le continuum associatif & solidaire devient un employeur de masse (objectif 500 000 emplois sur 10 ans), soutenu par le CHU et le Fonds de Résilience.*

- *Le continuum diplomatique inclut les Outre-mer, la Guyane, la doctrine maritime, une politique d'immigration de consentement mutuel et des coopérations structurantes plutôt qu'une politique de rustines.*

IV. Comment on finance 2 060 Md € d'investissement sans faire exploser la dette.

L'idée centrale, **on change ce que finance la dette, et avec qui.** Moins de dette flottante sur les marchés internationaux, plus de **dettes longues adossées à l'épargne des citoyens** (CES, CER, CEIS).

Tableau 4 – Grandes sources de financement sur 10 ans (ordre de grandeur).

Source de financement supplémentaire (2028–2037)	Montant cumulé approximatif
1. Économies de fonctionnement de l'État, des agences et des doublons territoriaux (Cloud, carte, fusion de structures, central d'achats, fin de certaines agences, rationalisation des organigrammes)	**≈ 400 Md €**
2. Lutte contre les fraudes sociales et fiscales (carte biométrique, croisement des données, fin des cartes Vitale surnuméraires, fraude TVA, travail dissimulé)	**≈ 150 Md €** (≈ 15 Md €/an)
3. Fiscalité de la rente et des comportements (luxe, palaces, jeux, tabac, alcool, micro-taxe colis, spéculation immobilière rapide, surtaxe sur les hauts patrimoines immobiliers, retraite très élevées)	**≈ 150 Md €**
4. Fiscalité écologique et d'extraction (taxe déchets importés, granulats, taxe qualité à l'import, taxe sur l'extraction non stratégique)	**≈ 150 Md €**

Source de financement supplémentaire (2028–2037)	Montant cumulé approximatif
5. Réorientation de certaines subventions inefficaces (agences, dispositifs redondants, niches fiscales peu productives)	≈ **50 Md €**
6. Effet de croissance (plus d'emploi, plus de masse salariale, plus de chiffre d'affaires taxable via CHU, immigration de consentement mutuel)	≈ **100 Md €** de recettes supplémentaires
7. Intérêts économisés grâce aux fonds d'épargne souveraine (CES, CER, CEIS) et à la baisse relative du stock de dette de marché	≈ **70 Md €** (après montée en charge)

Total financements budgétaires supplémentaires : ≈ 1 070 Md €

Le reste est financé par les **fonds d'épargne nationaux** :

Tableau 5 – Rôle des grands comptes d'épargne.

Instrument	Collecte ciblée 2028–2037	Rôle macroéconomique
Compte d'Épargne Souveraine (CES)	≈ **400–500 Md €**	Finance l'industrie, l'énergie, le numérique, la défense, sur 10–20 ans, avec un taux sécurisé et inférieur au coût de la dette de marché.
Compte d'Épargne Résilience (CER)	≈ **300–400 Md €**	Finance les infrastructures territoriales, la santé de proximité, les mobilités du quotidien, la résilience écologique locale.
Compte Épargne Industrie Souveraine (CEIS)	≈ **300–350 Md €**	Finance les chaînes de valeur stratégiques (IA, biotechs, cyber, semi-conducteurs, espace).

Total collecte des fonds d'épargne 2028–2037 : ≈ 1 000–1 250 Md €

Commentaire simple

- *Sur 2 060 Md € d'investissements, environ 1 070 Md € viennent de l'État et des économies internes, et 1 000–1 250 Md € viennent de l'épargne des Français, réorientée via CES/CER/CEIS.*
- *Cela ne signifie pas que la dette disparaît, mais que sa nature change :*
  - *Moins de dette flottante exposée aux marchés ;*
  - *Plus de dette longue, stable, nationale, rémunérée à un coût soutenable, et adossée à des actifs utiles (centrales, hôpitaux, réseaux, forêts, cloud).*
- *La clé, c'est que la dette finance des choses qui rapportent : productivité, souveraineté, économies futures, recettes fiscales, cohésion.*

V. Le Compteur Heures Universel et les comptes sociaux : soutenables ou pas ?

Aujourd'hui :

- **888 Md €** de protection sociale (2023), appelés à dépasser **930–950 Md €** d'ici 2028 si les droits sont maintenus et la démographie suit sa course.
- Financement surtout sur :
  - La **masse salariale** (cotisations sociales) ;
  - La **CSG/CRDS** ;
  - Les **budgets publics**.

Dans la République du Bien Commun :

1. **CSG/CRDS sortent de la fiche de paie** et deviennent un impôt sur la rente, les capitaux, les patrimoines élevés, les plus-values, les retraites les plus hautes.

2. Le **CHU** fait basculer **le cœur du financement** :
    - De la masse salariale → vers le **chiffre d'affaires national (≈ 4 250 Md €)** + une contribution des **budgets publics** (État et collectivités) + une part ajustée sur le **bénéfice.**
3. **Tous les employeurs** cotisent : entreprises, collectivités, État, associations, SCI, holdings.
4. Les **42 caisses** sont unifiées dans un système de droits comptés en **heures** (et non plus en trimestres), ce qui réduit fortement les coûts de gestion et les redondances.

Effet macro simple.

- L'assiette devient **plus large, plus stable, moins délocalisable** (CA + budgets), ce qui permet :
    - De **baisser la pression sur chaque emploi** ;
    - De **réduire le coût du travail** ;
    - De **lutter contre le travail dissimulé** (plus d'intérêt à tricher si le financement repose moins sur la masse salariale).
- Les **droits sociaux** sont maintenus, mais **leur financement est sécurisé** par un **mécanisme national unique**, régi par l'Économe.

VI. Inflation, salaires, consommation : pourquoi ça ne dérape pas ?

Trois éléments-clés :

1. **On n'injecte** pas des milliards dans la consommation sans contrepartie :
   on investit dans l'énergie, l'industrie, l'agriculture, l'écologie, le numérique.

→ C'est une **relance de l'offre**, donc de la **capacité à produire**, pas seulement de la demande.

2. **La baisse** des charges sur le travail (disparition CSG/CRDS sur la fiche de paie, CHU assis sur le CA) :
    - Augmente le **net disponible** des salariés ;
    - **Réduit le coût du travail** pour l'employeur ;
    - Favorise **l'emploi** plutôt que les arbitrages capitaux contre travail.
3. **L'inflation** visée à 1,6–1,8 % :
    - Est compatible avec un **taux d'investissement public élevé** ;
    - Est tenue par la **modération salariale organisée autour du CHU** ;
    - Est contenue par la **baisse structurelle des coûts énergétiques** à long terme (nucléaire + mix complémentaire bien pensé).

VII. Dette : la courbe qui plie au lieu de casser

Sans changement, la trajectoire officielle va vers :

- Une dette **> 115 % du PIB** ;
- Des **intérêts au-delà de 100 Md € par an** à l'horizon 2029–2030.

Dans la République du Bien Commun :

- La dette passe **d'environ 113 % du PIB** (2024) à **≈ 103 % en 2028**, puis **descend progressivement** sous les 100 % si :
    - La croissance nominale reste autour de 3–3,5 % ;
    - Le déficit est stabilisé autour de 2 % du PIB ;
    - La part de la dette financée par les fonds d'épargne (taux maîtrisés) augmente.

Commentaire simple :

- *Aujourd'hui, la dette, c'est une perfusion.*
- *Dans la République du Bien Commun, la dette devient un outil de reconstruction, tenue par l'Économe, adossée à des actifs et contrôlée par les citoyens via leur épargne.*

Le choix démocratique de 2027. La soutenabilité des comptes sociaux.

I. Le Compteur Heures Universel : le choix souverain qui fonde une ère nouvelle

Avant de parler de chiffres, d'équations, de financement ou de paramètres techniques, il faut affirmer une vérité essentielle : ***le Compteur d'Heures Universel ne peut naître que par un vote du peuple français.***

Parce qu'il touche à ce que chaque être humain a de plus précieux, son **temps, sa vie, son effort, sa dignité,**

Le CHU n'est pas une réforme. C'est un **acte de souveraineté démocratique.**

La République du Bien Commun s'engage donc devant la Nation, le **CHU ne sera instauré que si le peuple l'approuve lors de l'élection présidentielle de 2027.**

Le choix est d'une clarté historique :

→ Soit la France poursuit un modèle éclaté en 42 caisses, opaque, inégalitaire, souvent injuste, toujours incompris.

→ Soit elle adopte un système lisible, unifié, humain : un compteur qui reconnaît toute forme de contribution.

Et ce choix n'est pas seulement technique, c'est un retour aux fondements mêmes de la République.

II. Le Compteur Heures Universel et l'article 1 de la Déclaration des Droits de l'Homme.

L'article 1 proclame : ***« Les hommes naissent et demeurent libres et égaux en droits. »***

Or, aujourd'hui, c'est faux pour les retraites :

- Un salarié du privé n'a pas le même système qu'un fonctionnaire ;
- Un indépendant doit comprendre une mécanique totalement différente ;
- Un contractuel voit sa vie éclatée entre régimes ;
- Et une personne ayant eu des carrières hachées ne sait même plus où elle existe.

Une seule vie, quarante-deux manières de la mesurer. Une seule République, quarante-deux manières de dire ce que vaut un citoyen.

Le Compteur Heures Universel rétablit l'article 1 de la déclaration des Droits de l'Homme.
Il le rend réel. Il efface les bornes administratives pour restaurer ***l'égalité devant le temps donné pour la communauté.***

III. Quarante-deux caisses pour une seule vie : le grand morcellement

Aujourd'hui, un Français traverse sa vie professionnelle comme on traverse un labyrinthe administratif. Chaque changement de statut est un changement de monde.

- Ici, on compte les **25 meilleures années** ;
- Là, les **6 derniers mois** ;
- Ailleurs, les **points d'une caisse complémentaire** ;
- Plus loin, les **trimestres validés**, les **pénibilités**, les **carrières longues**, les **régimes spéciaux**, les **décotes**, les **surcotes**, les **majorations enfants**, les **assimilations chômage**.

Le système n'est plus un contrat social. C'est un musée d'exceptions.

Un système que presque plus personne ne comprend. Un système où chacun craint d'être passé à côté de quelque chose. Un système qui maintient les citoyens dans l'incertitude permanente.

IV. Une injustice froide : tout le monde joue, personne ne connaît les règles

Un système de retraite qui ne peut être compris par ceux qui y cotisent est, par nature, injuste. Demandez à un jeune de 25 ans « Si tu continues ainsi, quel sera ton montant de retraite ? »

Il ne peut pas répondre. Même un cadre de caisse ne donnera qu'une **simulation**, jamais une certitude.

Il n'y a plus de promesse. Il n'y a plus d'horizon. Il n'y a plus de lisibilité. Le système ne protège plus, **il pousse à la débrouille individuelle.**

V. Un modèle qui ne se finance plus… et qui ne fait plus société

Le problème n'est pas la retraite par répartition. Le problème est *l'architecture actuelle* :

- Financée quasi exclusivement par le travail salarié, alors que l'économie a muté ;
- Écrasée par des décennies de strates législatives ;
- Exposée à la précarité, à l'ubérisation, aux carrières discontinues ;
- Incapable de reconnaître l'engagement bénévole et la responsabilité familiale.

À chaque crise, on recule l'âge. On allonge la durée de cotisation. On durcit les paramètres. **On réforme sans reconstruire.** Le système tient encore, mais la société, elle, ne tient plus.

VI. Une génération qui ne croit plus à la promesse.

Les jeunes ne sont pas des individualistes. Ils sont lucides. Ils voient, des carrières instables, l'accès au logement impossible, la planète en danger, des réformes successives qui renvoient toujours plus loin le moment de souffler, et un système de retraite **incompréhensible et mouvant.**

Alors ils se disent **« Je ne peux compter que sur moi. »**

Le CHU doit inverser cette phrase. Il doit rendre aux jeunes une promesse que le système actuel ne sait plus formuler :

« Tu peux compter sur la République, et la République compte réellement sur toi. »

VII. Le CHU : remettre de l'humanité là où l'on avait mis de l'abstraction

Le CHU pose une question simple, **combien de temps as-tu donné à la communauté ?**

Finies les 42 caisses, finis les trimestres, finies les règles illisibles, finies la retraite par point.

On compte le temps réel. Chaque heure compte, une heure de travail, une heure de garde, une heure de nuit, une heure du dimanche, une heure dangereuse ou pénible, une heure d'engagement bénévole, une heure d'aide à un parent, une heure d'apprentissage, une heure passée à transmettre.

C'est un changement de civilisation.

VIII. Un système universel, juste et lisible

Le CHU s'appuie sur trois principes :

- Le temps long « Tu vois ton parcours comme un trajet continu d'heures accumulées »
- Un capital de droits Non un capital financier réservé aux plus informés, mais un capital de temps reconnu, compréhensible, vérifiable à tout moment.

- La liberté du moment La retraite n'est plus une sentence automatique. Elle devient un choix éclairé.

Tu sais où tu en es. Tu sais ce qu'il te manque. Tu sais quand tu veux partir.

La mécanique complète du CHU : heures de base, heures augmentées, bonus d'engagement et seuils de retraite

Le CHU n'est pas seulement une nouvelle manière de compter. C'est une nouvelle manière **d'honorer, d'ajuster, d'inciter, de reconnaître**.

Il corrige ce que le système actuel ignore, la pénibilité, les heures atypiques, les responsabilités, l'engagement citoyen, les carrières heurtées, les débuts précoces, la charge mentale, les heures invisibles. Et surtout, il restaure une évidence républicaine, **ce qui est difficile doit compter davantage que ce qui est confortable.**

---

1. Les Heures de Base (HB) : Ce sont les heures de travail normales, rémunérées et déclarées. Elles constituent **la colonne vertébrale** du CHU.

1 heure travaillée = **1 heure comptée** (Simple, universel, égalitaire.)

---

2. Les Heures Augmentées (HA) : reconnaître l'effort, la pénibilité, les responsabilités : Certaines heures ont une valeur sociale plus élevée que d'autres. Non pas parce que la personne "vaut plus", mais parce que la Nation sait qu'elle abîme davantage.

Le Compteur Heures Universel introduit donc une mécanique d'augmentation, basée sur des coefficients simples :

+25 % : coefficient 1,25 Pour : travail de nuit (22h–6h), heures du dimanche, travail en environnement difficile (EHPAD, pénitentiaire, BTP pénible, métiers humides), métiers à forte exposition émotionnelle (urgence, psychiatrie, aide sociale). 1 h = 1,25 h (Exemple : 100 heures de nuit = 125 heures CHU.)

+50 % : coefficient 1,50 Pour : heures de garde hospitalière, heures en service de crise (séismes, incendies, violences urbaines, événements exceptionnels), missions de sécurité exposées (police, gendarmerie, pompiers en intervention) continuité pédagogique ou médicale dans zones sous-dotées. 1 h = 1,50 h.

+100 % : coefficient 2,00 Pour : engagement opérationnel militaire en zone de guerre, mission extérieure sous risque majeur, intervention de sécurité lors d'attentats, travaux d'urgence en situation de catastrophe climatique. 1 h = 2 h. Une heure donnée dans ces conditions vaut double, car elle protège la Nation tout entière.

---

3. Les Bonus de Fonction (BF) : la reconnaissance des responsabilités.

Un Président d'association ne donne pas seulement du temps, il prend des risques juridiques, organisationnels, humains. Un chef de service, un officier, un directeur d'école, un maire aussi. Le CHU introduit donc des bonus liés à la responsabilité assumée.

Responsabilité légère (encadrement de 1 à 5 personnes) Bonus : +10 % ; 1 h = 1,10h

Responsabilité intermédiaire (5 à 30 personnes) Bonus : +20 % ; 1 h = 1,20 h

Responsabilité haute (30+ personnes, budgets > 300k€, sécurité engagée) Bonus : +30 % ; 1 h = 1,30 h

Ces bonus ne sont jamais automatiques : ils sont validés par l'institution (URSSAF, administration, la carte biométrique, le cloud national).

---

4. L'Engagement Citoyen Mesuré (ECM) : la révolution invisible.

Le système actuel ne valorise pas, être parent aidant, présider une association, être bénévole à la Croix-Rouge, aider ses voisins pour ses déplacements, organiser la générosité, faire vivre un festival, tenir une association de quartier.

Avec le CHU, **toute heure déclarée d'engagement a une valeur** :

➤ ***Heure d'engagement simple : 1 h → 0,50 h CHU*** (Elle vaut moins qu'une heure de travail salarié mais elle compte.)

➤ ***Heure d'engagement qualifié : 1 h → 0,75 h CHU*** (Encadrement sportif, aide sociale, médiation, secours non professionnel.)

➤ ***Heure d'engagement avec responsabilité : 1 h → 1 h CHU*** (Présidence d'association, trésorier, responsabilité juridique.)

➤ ***Heure d'engagement exceptionnelle : 1 h → 1,25 h CHU*** (Aide humanitaire, catastrophe, soutien aux plus vulnérables.)

Les heures bénévoles ne "remplacent" pas le travail salarié, mais complètent un parcours. C'est la première fois dans l'histoire sociale française que **la fraternité devient un actif social.**

---

5. Les Seuils de Retraite : 80 %, 90 %, 100 %, 110 %, 115 %

C'est ici que se déploie la puissance du système. ***Le principe : Le droit ne dépend plus de l'âge. Il dépend du temps réellement donné à la communauté.*** À chaque seuil franchi, on ouvre un droit clair, lisible, compréhensible par tous.

- ***Seuil 1 : 55 000 heures → Retraite à 80 %*** Pour ceux qui ont travaillé tôt, eu des carrières hachées ou pénibles.
- ***Seuil 2 : 60 000 heures → Retraite à 90 %*** Pour la majorité des travailleurs à carrière continue.
- ***Seuil 3 : 65 000 heures → Retraite à 100 %*** Le cœur du système : on ne regarde **ni l'âge**, ni le statut, ni le dernier salaire. Uniquement : **le temps donné**.
- ***Seuil 4 : 70 000 heures → Retraite à 110 %*** Pour ceux qui choisissent de continuer, par vocation, par envie, par transmission.
- ***Seuil 5 : 75 000 heures → Retraite à 115 %***

Bonus ultime : la Nation récompense ceux qui ont donné **plus que leur part**, souvent dans des métiers vitaux ou des engagements extraordinaires.

---

6. La mécanique d'ajustement : une souplesse infinie.

Le CHU peut être ajusté selon trois paramètres :

- ***Le coefficient des heures augmentées*** Il peut varier selon les négociations sociales (1,20 / 1,30 / 1,40…).

- ***Les seuils*** 65 000 heures pour 100 % est une base. Il peut évoluer (60 000 ou 70 000) selon l'état du financement.
- ***Les bonus d'engagement*** Un pays qui veut renforcer son tissu associatif peut augmenter le coefficient. Un pays qui veut réduire la dépense peut le stabiliser.

Le Compteur Heures Universel n'est pas un carcan, c'est un système vivant.

---

7. La philosophie finale : la retraite cesse d'être un couperet, elle redevient une liberté.

Aujourd'hui, la retraite est un mur. Demain, avec le CHU, la retraite devient un seuil. Tu sais où tu en es. Tu vois ton compteur. Tu peux projeter ta vie. Tu peux décider. L'âge n'est plus un destin. La vie redevient un choix, la retraite devient un choix éclairé.

IX. Le CHU et la soutenabilité financière.

Le CHU repose sur **un basculement de l'assiette**, **moins** sur la masse salariale, **plus** sur le chiffre d'affaires national, **plus** sur les budgets publics, **plus** sur les bénéfices réels.

Ainsi, le coût du travail baisse, l'emploi devient plus attractif, la fraude perd son intérêt, les droits sociaux sont sécurisés, et les jeunes retrouvent une promesse. Ce n'est pas un système plus coûteux. C'est un système plus intelligent.

Conclusion le compteur heures universel un espace de liberté, d'égalité et de responsabilité.

Le CHU n'est pas seulement une réforme sociale. Il n'est pas un calcul alternatif. Il n'est pas une modernisation technique.

C'est une nouvelle manière de concevoir la vie collective.

Une manière où, la jeunesse retrouve un horizon, les travailleurs retrouvent une dignité, les bénévoles retrouvent une reconnaissance, les familles retrouvent un soutien, et la Nation retrouve un pacte.

Un pacte fondé sur une évidence, le **temps donné à la communauté est ce qui fait tenir un pays. Le reconnaître, c'est renouer avec l'essence même de la République.**

Et c'est en 2027 que ce choix appartient au peuple. À lui seul.

Conclusion 2027 sera l'année du choix de transmettre ou pas notre histoire sociale.

Il y a des années qui s'ajoutent aux autres comme des cailloux sur le chemin de l'histoire. Et puis il y a celles qui décident de la direction du chemin.

2027 n'est pas une date de plus dans le calendrier politique français. C'est un tournant. Un moment où un peuple se retrouve seul face à sa responsabilité, savoir s'il choisit encore de faire Nation, ou s'il s'abandonne aux simulacres de grandeur, aux colères déguisées en destin, aux « à peu près » patriotiques qui hurlent beaucoup mais ne construisent rien.

Depuis trop longtemps, la France vit dans cette contradiction épuisante, elle ressent qu'un monde s'achève, elle pressent qu'un autre commence, mais elle reste coincée dans l'entre-deux, comme un pays qui ne sait plus s'il doit réviser son passé, corriger son présent ou reculer devant l'avenir.

La République du Bien Commun est née de ce vertige-là.

Elle ne promet pas de tout réparer en cinq ans. Elle refuse même ce mensonge.
Ce qu'elle propose est plus exigeant, plus rude, plus noble, **reprendre la France au sérieux.**

2027 est la première épreuve de cette vérité.

Car, au fond, le choix est simple, presque brutal. Ou bien la France confie sa fatigue à ceux qui lui vendent des slogans comme des somnifères, l'illusion d'un redressement par la colère, la promesse d'une force sans projet, la gesticulation tricolore qui masque la vacuité économique, sociale et morale.

Ou bien elle accepte de regarder en face ce que l'Économe lui montre, non pas un rêve, mais un plan ; non pas un drapeau, mais une architecture ; non pas une posture, mais un chemin.

Le Livre IV a fait ce que peu de responsables politiques osent faire, mettre des chiffres sur une ambition, des montants sur une vision, des trajectoires sur des promesses, et démontrer, noir sur blanc, qu'un autre modèle est soutenable, finançable, durable, à condition de cesser de se mentir.

Il a montré qu'avec une autre façon de lever l'impôt, une autre façon de financer la protection sociale, une autre façon d'utiliser l'épargne nationale, une autre façon de réorganiser l'État, une autre façon d'investir, haut, tôt, et pour longtemps, la France peut faire ce qu'on pensait devenu impossible, se redresser sans renier sa solidarité, se transformer sans trahir sa justice, investir massivement sans vendre son âme aux marchés.

Rien, dans ce Livre IV, n'est magique. On y parle de pourcentages, de PIB, de dette, de budgets, de trajectoires d'investissement, de recomposition de la dépense publique. Et pourtant, tout y est profondément politique, au sens le plus noble.

Car derrière chaque tableau, il y a une question unique : **Dans quel pays voulons-nous que nos enfants vivent ?**

Un pays qui continue à se financer en hypothéquant leur avenir, ou un pays qui utilise les dix, quinze, vingt prochaines années pour leur bâtir un socle.

Un pays qui confond patriotisme et ressentiment, qui brandit ses blessures comme un programme, qui désigne des coupables plutôt qu'un horizon, ou un pays qui comprend enfin que le seul patriotisme digne de ce nom consiste à transmettre quelque chose de plus solide que sa propre colère ?

La République du Bien Commun ne méprise pas la fatigue du peuple. Elle ne méprise ni sa colère ni sa lassitude. Elle dit simplement :

« Votre exaspération est légitime. Mais la démagogie ne vous sauvera pas. Seule une œuvre de reconstruction, assumée ensemble, peut vous rendre ce que l'on vous a pris : la maîtrise de votre destin. »

2027, c'est précisément cela, un rendez-vous avec la vérité.

La vérité qu'un pays ne sort pas des ténèbres par incantation identitaire, mais par une économie réalignée sur le réel, par un État restructuré, par des comptes sociaux sécurisés, par des territoires réinvestis, par une diplomatie cohérente, par des continuums qui relient les forces du pays au lieu de les éparpiller.

La vérité qu'un peuple qui renonce à penser se livre toujours à ceux qui parlent le plus fort. Et qu'un peuple qui accepte de réfléchir, d'anticiper, de s'engager, de contribuer autrement, devient ingouvernable par la peur.

La lumière, ce n'est pas un mot. C'est un cap, une discipline, une fidélité à soi-même.

Les ténèbres, ce ne sont pas seulement les extrêmes. Ce sont aussi toutes les demi-mesures, tous les « on verra bien », tous les replis, tous les gouvernements sans colonne vertébrale qui manient la dette comme un anesthésiant et le renoncement comme feuille de route.

Le choix républicain de 2027, tel que le dessine la République du Bien Commun,
ce n'est pas « pour ou contre » un homme, un camp, un parti. C'est **pour ou contre** une idée simple, la France a-t-elle encore l'ambition d'être une grande Nation, ou consent-elle à devenir une administration fatiguée gérant tant bien que mal sa propre résignation ?

L'Économe ne vient pas flatter les illusions. Il vient dire au pays :

« Voici ce que nous pouvons faire. Voici ce que cela coûte. Voici ce que cela rapporte. Voici ce que nous devrons accepter, ensemble. Voici ce que nous gagnerons, ensemble. »

En 2027, la balle est dans les mains du peuple.

Pour la première fois depuis longtemps, il ne lui est pas seulement demandé de choisir un camp, mais de choisir une **architecture** : celle du chaos des dispositifs, ou celle de l'ordre des continuums.

Le chaos des dispositifs, nous le connaissons, des réformes empilées, des dettes accumulées, des agences superposées, des budgets bricolés, des politiques étrangères hésitantes, des continents de renoncement recouverts de slogans.

L'ordre des continuums, nous en avons maintenant le plan, énergie, défense, numérique, éducation, santé, justice, territoires, économie, travail, associatif, écologie, démocratie, diplomatie, alignés, articulés, mis en cohérence, financés sur quinze à vingt ans.

La République du Bien Commun ne demande pas au peuple d'y croire sur parole.
Elle lui apporte les comptes, les scénarios, les marges de manœuvre, les risques, les amortisseurs. Elle met la lumière sur ce que l'on cachait. Elle met des chiffres là où tant d'autres ne mettaient que des postures.

Alors, oui, 2027 sera un basculement. Vers la lumière, si la Nation accepte de regarder loin, de ne plus confondre radicalité et brutalité, de ne plus confondre patriotisme et ressentiment, de ne plus confondre prospérité et spéculation.

Vers les ténèbres, si elle confie sa peur à ceux qui n'ont pour tout projet que de la recycler, si elle préfère la facilité des boucs émissaires à la difficulté de la refondation, si elle choisit le vacarme des colères à la rigueur d'un chantier.

Au fond, tout se résume à une phrase, simple, nue, irrévocable :

« Voulons-nous encore être à la hauteur de la France ? »

Le Livre IV a répondu : « **c'est possible ».** À la condition qu'un peuple, en 2027, se souvienne que la République n'est pas seulement un régime politique, mais un serment, ne jamais renoncer à ce que nous pouvons encore devenir, pour nous-mêmes et pour ceux qui viendront après nous.

Le reste, les chiffres, les tableaux, les trajectoires n'est qu'instrumentation. La vraie bascule est là, dans le courage d'un peuple qui, au milieu du vacarme du monde, décide que la lumière vaut mieux que les ténèbres et que le Bien Commun mérite enfin une République à sa mesure.

La République du Bien Commun est née de cette lucidité. Elle regarde la France non comme un mythe ou un décor, mais comme un chantier interrompu. Elle nomme ce qui ne tient plus, ce qui ne fonctionne plus, ce que nos enfants ne peuvent plus porter seuls.

Ce livre ne propose ni slogan ni nostalgie. Il propose un chemin, une architecture, une manière de reconstruire une Nation autour de ce qui la rend vivante : le sens, la cohérence, la responsabilité partagée. Ce n'est pas un cri. C'est une main tendue. À celles et ceux qui refusent de transmettre un pays épuisé. À une génération qui sait désormais qu'elle doit plus que des discours.

« Les transformations véritables ne réparent pas un système : elles en changent la logique. »

Joseph Schumpeter

Mes Ressources, sources et repères pour reconstruire : La bibliothèque du Bien Commun

I. Les sources institutionnelles et financières.

Celles qui ont permis d'ancrer chaque proposition dans la réalité mesurable de la France :

- **Cour des comptes** : rapports publics annuels, rapports thématiques (dépenses sociales, dette, hôpital, collectivités territoriales, éducation, sécurité, agences de l'État).
- **Direction du Budget (ministère des Finances)** : documents budgétaires PLF 2025, annexes, jaune budgétaire, récapitulatifs des dépenses par missions et programmes.
- **Insee** : comptes nationaux, séries longues sur la dépense publique, évolution démographique, projections, endettement, structure des APU.
- **France Stratégie** : rapports sur la transition climatique, le marché du travail, les compétences, les investissements d'avenir.
- **Banque de France / BCE** : rapports macroéconomiques sur l'inflation, la dette souveraine, le financement des États.
- **Haut Conseil des finances publiques** : avis et analyses sur la soutenabilité des finances publiques.
- **COR (Conseil d'orientation des retraites)** : diagnostics des systèmes actuels, projections démographiques, études sur les réformes passées.
- **Ministère des Armées** : Loi de Programmation Militaire (LPM 2024-2030), bases et ordres de grandeur des investissements indispensables.
- **Autorité de la Sûreté Nucléaire (ASN) & EDF** : données sur le coût et les délais des EPR, le parc existant, les investissements à venir.

II. Les sources territoriales et sociales.

Parce que mon projet repose sur une lecture fine du terrain, des besoins et des réalités et que l'analyse que je porte et sans appel.

- **Rapports des Régions et Départements** : bilans financiers, politiques éducatives, sociales, environnementales, numériques, fonctionnement des SDIS, coûts de fonctionnement.
- **Rapports des communes et intercommunalités** : PLUi, budgets primitifs, charges de personnel, investissements locaux.
- **ONF, OFB, Météo France** : données sur le climat, les forêts, les risques naturels, les territoires ultramarins, la Guyane et ses zones d'orpaillage.
- **ARS (Agences régionales de Santé)** : schémas régionaux d'organisation des soins, capacités hospitalières, urgences, désertification médicale.
- **Fédérations associatives & France Bénévolat** : chiffres sur l'engagement citoyen, baisse du bénévolat, coûts et besoins des associations.

III. Les sources internationales et comparatives.

Parce que la République du Bien Commun s'inscrit dans un monde en transformation :

- **OCDE** : systèmes de retraite, fiscalité comparée, productivité, modèles d'investissement public.
- **ONU / FAO / OMS** : sécurité alimentaire, santé mondiale, risques pandémiques, migration climatique.
- **Commission européenne** : mécanismes de protection civile, programmes de souveraineté numérique, règles budgétaires.

- **Études internationales sur les régimes universels à points, sur les comptes notionnels, et sur les modèles hybrides d'épargne et de répartition.**

IV. Les textes fondamentaux qui sous-tendent votre philosophie.

Ceux que votre ouvrage mobilise sans toujours les citer, mais dont il porte l'esprit :

- **Déclaration des droits de l'homme et du citoyen (1789)** en particulier son article 1, où l'égalité n'est pas un slogan mais une promesse.
- **Préambule de la Constitution de 1946**, qui pose les droits sociaux comme piliers de la République.
- **Discours du Général de Gaulle** (1958–1969) sur la souveraineté, la continuité de l'État, la grandeur, la résilience.
- **Pierre Mendès-France**, ses allocutions sur la vérité, l'État rigoureux, la nécessité d'éclairer plutôt que de flatter.
- **André Malraux**, l'idée que les civilisations meurent faute d'imagination ou de courage, et que les peuples renaissent par un effort de grandeur.

V. Les données techniques qui ont servi à bâtir votre macroéconomie.

Parce que la République du Bien Commun repose sur une architecture calculée, vérifiable et auditable :

- **Bases de données de l'OFCE**, pour les simulations macroéconomiques prudentes.
- **Observatoire des inégalités**, pour la structure sociale.

- **ADEME**, pour les coûts énergétiques et environnementaux.
- **CEREMA**, sur les infrastructures, mobilités, et résilience territoriale.
- **France Numérique & ANSSI**, sur cybersécurité, cloud, souveraineté numérique.

VI. Les sources structurelles pour le CHU et la réforme sociale.

Mon big bang social ne sort pas du néant, il est nourri de comparaisons et diagnostics précis.

- **Études sur les systèmes de comptage en heures**, dans l'industrie, la fonction publique hospitalière, les corps en tension.
- **Rapports sur les régimes spéciaux**, leur coût, leur logique, leur incohérence.
- **Études sur la pénibilité, les horaires atypiques, la charge mentale, les engagements citoyens.**
- **Rapports sur l'uberisation, carrières hachées, revenus irréguliers** — tout ce qui a tué la logique de "trimestres".
- **Travaux internationaux sur l'économie des mérites non financiers**, base philosophique de la valorisation de l'engagement.

VII. Les sources géopolitiques et de souveraineté.

Indispensables à votre doctrine internationale :

- **IFRI & IRIS** : analyses sur les grandes puissances, l'Afrique, la Chine, l'Europe, les Outre-mer stratégiques.

- **OCDE – Migration & Société** : travaux sur les migrations choisies, consenties, qualifiées.
- **Rapports militaires internationaux** : modernisation des armées, bases stratégiques, budgets de défense comparés.

VIII. Et enfin… mes propres archives, mes lectures du passé, et l'ensemble de mes blessures républicaines.

Ce livre ne repose pas uniquement sur des chiffres, des rapports ou des doctrines. Il s'enracine aussi dans une expérience longue, accumulée, parfois heurtée, du réel républicain.

Il est nourri par :

- Une vie professionnelle marquée par les cycles économiques, les réussites et les ruptures.
- Un engagement associatif prolongé, révélateur à la fois de la vitalité citoyenne et de ses injustices structurelles.
- Plus de trente années d'observation du terrain, des territoires et des institutions, où se sont révélées les dérives technocratiques, l'érosion du sens et la rupture des continuités.
- Une immersion directe dans les fractures administratives, sociales et démocratiques qui traversent aujourd'hui la République.
- Enfin, une exigence fondatrice : contribuer à l'émergence d'une morale républicaine renouvelée et d'une économie responsable, capables de durer sans se renier.

Ces expériences ne remplacent pas l'analyse. Elles l'obligent.

Conclusion de cette page

« Ce livre n'est pas né d'une vision solitaire. Il est né de la confrontation avec les faits, les chiffres, les réalités, les sciences, les territoires, les rapports, les détresses et les espérances que toute la France exprime depuis vingt ans.

J'ai voulu rassembler ces sources, analyser les données collectées avec l'aide de l'IA non pour en faire une bibliographie savante, mais pour transmettre une chose simple, **aucune réforme durable ne naît d'un slogan. Elle naît d'un regard honnête porté sur ce qui est.**

Puissent ceux qui liront ces lignes y trouver la force de poursuivre ce qui a été commencé. »

« Une République ne se sauve pas par l'urgence, mais par la fidélité à ce qu'elle exige d'elle-même. »

La République du Bien Commun

La France du XXIe siècle continue de gérer ses comptes sociaux avec un logiciel du XXe. Résultat : un système à bout de souffle, illisible pour les citoyens, incapable de reconnaître l'ensemble des contributions utiles à la société.

La République du Bien Commun part de ce décalage majeur. Ni pamphlet ni traité théorique, ce livre propose une refondation concrète du pacte social en faisant du bien commun le principe structurant de l'action publique.

Au cœur de cette refondation, le **Compteur d'Heures Universel (CHU)** opère un changement de paradigme. Il ne s'agit pas d'un outil symbolique, mais d'un **nouveau pacte social**, pensé pour sécuriser l'avenir des comptes sociaux en reconnaissant toutes les contributions à l'intérêt général — travail, engagement, utilité sociale — comme des **contributions aux comptes sociaux**, inscrites dans le temps long.

Ce texte refuse les faux débats et les solutions de façade. Il assume une conviction forte : on ne réparera pas la République avec les catégories d'hier. Il faut changer le cadre, redonner de la lisibilité, restaurer la justice et réconcilier efficacité économique et dignité humaine.

La République du Bien Commun n'est pas une promesse. C'est un changement de logiciel républicain.

Philippe Kowalski
L'art d'être libre, l'art d'être égal, l'art d'être fraternel.

9 791098 274909

www.ingramcontent.com/pod-product-compliance
Lightning Source LLC
LaVergne TN
LVHW100301210926
848480LV00003B/987